Zitruspflanzen

blvgartenplus

MONIKA UND THORSTEN KLOCK

Zitruspflanzen

Die schönsten Arten und Sorten
Überwintern, Pflegen, Vermehren

blv

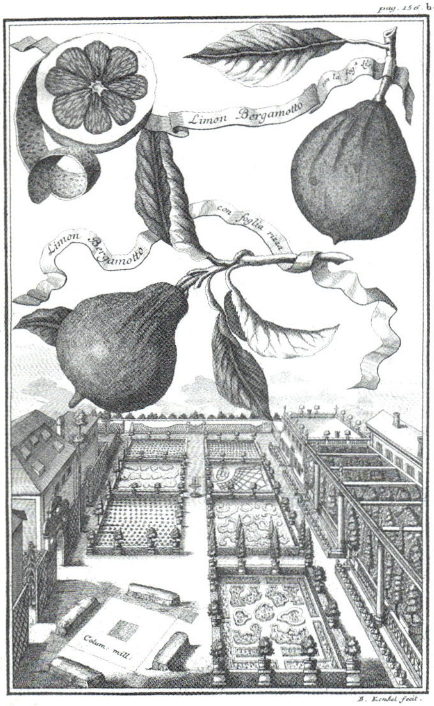

Inhalt

Citr

Südliches Flair für Haus und Garten

In wenigen Stunden sind die Mittelmeerländer mit ihrem angenehm warmen Klima bequem per Flugzeug zu erreichen. Da kann man schon ins Schwärmen und Träumen geraten, wenn einem der betörende Duft von Zitrus & Co. die Sinne vernebelt.

Wer einmal durch Zitronen- oder Apfelsinenhaine gewandert ist, wird sich immer wieder dort hingezogen fühlen – zu den immergrünen Bäumen mit ihrem glänzend sattgrünen Laub, den porzellanweißen, zauberhaft duftenden Blüten und den schon von weitem leuchtenden gelben Zitronen, prallen, goldorangefarbenen Apfelsinen oder Orangen. Spätestens jetzt bekommt man Lust auf frisch gepressten Saft.
Voller Entzücken über diese herrlich anmutenden Gewächse möchte man diese doch allzu gerne auch im eigenen Haus, auf Balkon, Terrasse oder im Garten ziehen. Glücklich, wer sich zu den Eigentümern eines Wintergartens oder Gewächshauses zählen kann.

◀ Ein viele Jahre alter Zitronenbaum im Garten der historischen Zitrussammlung der Villa Castello bei Florenz. Als Solitärpflanze kommt er in der warmen Jahreszeit in seinem alten Terrakottatopf gut zur Geltung. Im Herbst wird er, wie die übrigen Zitrusgewächse auch, in der dafür vorgesehenen Limonaie überwintert.

Aber auch für Menschen, die nicht im Besitz eines solchen sind, gibt es viele Möglichkeiten, Träume vom Süden wahr werden zu lassen. Denn obwohl Zitruspflanzen mit zu den etwas heiklen und schwierigen Pflanzen gehören, können sie bei richtiger Pflege und Behandlung viel Freude bereiten. Wie das auch in unseren Breiten möglich ist, soll dieses Buch vermitteln.

Kleine Geschichte der Zitruspflanzen

Zitrusfrüchte gehören zum ältesten und bedeutendsten Obst der Welt und wurden bereits vor ca. 4 000 Jahren kultiviert. Die vermutliche Heimat der Zitrusgewächse liegt auf dem Malaiischen Archipel bis hin nach Indien und China. Überall dort gibt es eine Vielzahl von Hybriden und Sorten, deren Herkunft nicht mehr sicher nachvollzogen werden kann. **Konfuzius** erwähnte Zitruspflanzen schon um 500 v. Chr. Im 10. Jahrhundert verbreiteten die **Araber** dieses gesunde Obst zuerst in

Auch die Kunst befasst sich in vielfältiger Weise mit den Früchten der Zitruspflanzen. Aus der Bildersammlung der Zehnbambushalle hier die »Pumelos«.

Afrika, im 12. und 13. Jahrhundert dann auch in Spanien.
Und **Kolumbus** nahm um 1493 Zitronen, Orangen und Zitronat-Kerne mit in die Neue Welt.
Von höchster Stelle beauftragt, mussten spanische Seeleute an jedem Ort, den sie anliefen, 100 Samen einpflanzen. So entwickelte sich der Anbau von und der Handel mit Zitrusfrüchten zu einem bedeutenden Wirtschaftszweig.
Zwischen 1541 und 1560 kamen die ersten Zitronenbäume nach Deutschland. **Alexander der Große** und arabische Händler brachten die Zitrusfrüchte ins Mittelmeergebiet. Zu den ersten Arten zählte die Zedratzitrone, *Citrus medica,* aus der später

An seine Spröde

Siehst du die Pomeranze?
Noch hängt sie an dem Baume;
Schon ist der März verflossen,
Und neue Blüten kommen.
Ich trete zu dem Baume
Und sage: Pomeranze,
Du reife Pomeranze,
Du süße Pomeranze,
Ich schüttle, fühle, ich schüttle,
O fall in meinen Schoß!

J. W. v. Goethe

»Limon Bergamotto, diese Citronen haben ihren Namen dahero, weil sie an der Form denen Bergamotten Birnen gleichen ...« (aus: »Nürnbergische Hesperides« von J. C. Volkamer, 1708).

im 18. Jahrhundert das zur Parfumherstellung verwandte Zedratöl gewonnen wurde. Damals waren nahezu ausschließlich saure Zitrusfrüchte bekannt.

Die ersten Orangen

Im 16. Jahrhundert fanden die ersten Orangen ihren Weg von Südchina über Arabien nach Europa. Der Name Orange stammt

aus dem Französischen, ist aber arabisch-persischen Ursprungs. Man nimmt an, dass die Bezeichnung von dem Stammwort *naräng* abgeleitet ist, was »bitter« heißt und auf die Vorfahren der heutigen Zitrusfrüchte hinweist.
Der deutsche Name **Apfelsine** oder Sina-Apfel bedeutet Apfel aus China (oder Siam). Auch erste süße Apfelsinensorten wurden vermutlich im 16. Jahrhundert von portugiesischen Seefahrern auf die Iberische Halbinsel gebracht und gelangten von dort nach Italien und in andere Küstenregionen des Mittelmeerraums.

Als noch die Fruchtjager fuhren

Noch vor gut 150 Jahren galten Zitrusfrüchte als ausgesprochener Luxus. Nur in geringen Mengen kamen sie nach Deutschland. Um 1850 brachten Schnellsegler, so genannte Fruchtjager, Zitrusfrüchte von Sizilien nach Hamburg. Die Schiffe hatten eine auffallend große Segelfläche und stark nach achtern geneigte Masten, konnten jedoch nur einige tausend Kisten laden und befördern. Mehr als 25 Ladungen pro Jahr waren nicht möglich, denn die zeitaufwändigen Reisen nahmen mindestens 30 Tage in Anspruch.
Wegen des winterlichen Eisgangs war es nicht immer möglich, die Früchte weiter elbaufwärts zu befördern. So soll ein Kapitän mit 1800 Kisten in Cuxhaven festgesessen haben. In seiner Not ließ er hohe Leiterwagen mit den Kisten beladen und diese mit Strohlagen bedeckt nach Hamburg fahren.
Von einem anderen Kapitän wird berichtet, er habe gerade noch den Hamburger Hafen erreichen können, sei aber wegen plötzlich einsetzenden starken Frostes nicht mehr in der Lage gewesen, die offenen Schuten zu entladen. Um die empfindlichen Früchte vor Frost zu schützen, gab der Kapitän Order, das Deck mit Pferdemist zu bepacken. Dieser blieb sechs Wochen liegen, bis die Luken endlich bei frostfreiem Wetter geöffnet werden konnten. Erst ab dem Jahre 1871 war es möglich, mit größeren Schiffen Dampferladungen von 12 000 Kisten Apfelsinen vom sizilianischen Messina nach Hamburg zu transportieren.

Zitruspflanzen in Religion, Sitten und Gebräuchen

»Und sollt am ersten Tage Früchte nehmen von schönen Bäumen, Palmenzweige und Maien von dichten Bäumen und Bachweiden und sieben Tage fröhlich sein vor dem Herrn, eurem Gott« (3. Mose 23,40). So ist schon in der Bibel die Rede von den schönen Bäumen, bei denen es sich nach Meinung von Übersetzern und Interpreten um die **Zedratzitrone** *(Citrus medica)* handelte. Ihre Früchte werden im Hebräischen als Etrog bezeichnet. Die Zedratzitrone soll schon sehr früh von Indien in den Nahen Osten gekommen

Citrus medica 'Etrog', die Zedratzitrone, zählte zu den ersten Zitrusfrüchten, die nach Europa kamen.

Einzelne Etrog-Früchte werden in solchen Spezialverpackungen für das jüdische Laubhüttenfest versandt. Zusammen mit Myrten- und Bachweidenzweigen bewahrt man sie sieben Tage in besonderen Silberschatullen auf.

sein, und so wuchs die Art auch in Israel als »biblischer« Baum, dessen Zweige zum Bau der Laubhütten verwendet wurden. Seitdem spielen Zedratzitronen beim alljährlichen **jüdischen Laubhüttenfest** traditionell eine wichtige Rolle. Ihrer herrlich duftenden weißen Blüten, des prächtigen Laubes und ihrer leuchtend goldgelben Früchte wegen wurde *Citrus medica* schon in der Bibel als »Prachtbaum Etz hadar« beschrieben.
Zum **vietnamesischen Neujahrsfest** »Tet«, Ende Januar, wird ein fruchtendes Kumquatbäumchen vor oder ins Haus gestellt. Tage vorher kann man im Straßenbild Hunderte von Menschen auf Fahrrädern oder Mopeds mit einem Kumquatbaum auf dem Gepäckträger vorbeifahren sehen. Die Vietnamesen feiern ihre Feste nach dem ostasiatischen Mondkalender, und Tet gilt als das wichtigste Ereignis des Jahres.
In China sind Pampelmusen zu Neujahr sowie zum jährlichen **Mondkuchenfest** ein beliebtes Geschenk. Es ist Brauch, die Früchte mit guten Wünschen und netten Sprüchen zu beschriften. In den Neuen Territorien Hongkongs dienen Orangen als Opfergabe bei Kulthandlungen, und im Buddhismus spielt die Finger- oder Buddhas-Hand-Zitrone in religiösen Zeremonien eine wichtige Rolle.
Auch bei uns kamen Zitrusfrüchte bei verschiedenen Anlässen und traditionellen Ereignissen zum Einsatz, zum Beispiel bei Beerdigungen, Hochzeiten, Taufen und Konfirmationen. Bis zum Zweiten Weltkrieg war es in Teilen Deutschlands üblich, dass der Pfarrer, die Sargträger und die engsten Angehörigen des Verstorbenen mit Gewürznelken, Nadeln oder einem Rosmarinzweig geschmückte Zitronen in den Händen trugen, um diese dann auf den Sarg in das offene Grab zu werfen.

'Buddha's Hand'-Früchte werden in Asien und Indien sehr geschätzt.

Prächtige Blüten mit aromatischem Duft sitzen in großer Menge am Pomelozweig.

Von Pomeranzenhäusern, Orangerien und Limonaien

Im 15. und 16. Jahrhundert wurden in den Gärten diverser Fürstenhäuser sowie wohlhabender Kaufleute neben exotischen Gewächsen auch die äußerst wertvollen Zitruspflanzen kultiviert. Zum Schutz vor den kalten Wintern Mitteleuropas entstanden damals die so genannten Pomeranzenhäuser. Bereits im Jahre 1559 wird von auf- und abschlagbaren **Pomeranzenhäusern** berichtet. Diese waren aus Holzteilen gefertigt, hatten spezielle kleine Fenster und wurden im Frühjahr wieder abgebaut. Da das jährliche Auf- und Abschlagen sehr mühsam und aufwändig war, konstruierte man bald Pomeranzenhäuser mit abnehmbaren Dächern oder Vorderfronten.

Zum Überwintern der kostbaren Zitruspflanzen wurden in den Pomeranzenhäusern Öfen aufgestellt. Zum Teil waren es schon zentral gelegene, holzbefeuerte Warmluftöfen, deren abgedeckte Heizkanäle unter dem Boden verliefen.

Der Nürnberger Kaufmann und Pflanzenzüchter **Johann Christoph**

Auf- oder Abbau des früheren abschlagbaren hölzernen Pomeranzenhauses im Belvedere-Garten in Wien, etwa um 1700.

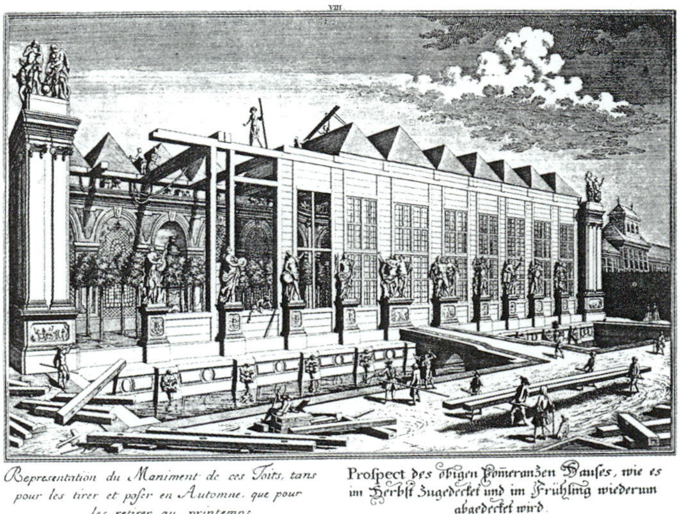

Bei Taufen, Konfirmationen und Hochzeiten war es Brauch, Geistlichen, Trauzeugen oder Gästen Zitronen zu überreichen, und zwar meist in Verbindung mit einem Myrten- oder Rosmarinzweig.

Schon im Mittelalter schmückten duftende Orangenblütenzweige Brautsträuße – als Symbol der Reinheit und Treue.

Diese alten Traditionen erfahren in der heutigen Zeit eine zögerliche Renaissance. So wird mittlerweile wieder öfter in Blumengeschäften nach Orangenblütenzweigen für unterschiedliche Anlässe gefragt. Leider sind sie aber nur selten erhältlich.

Alter historischer gemauerter Ofen im Neuen Garten Potsdam. Er ist heute noch in Betrieb.

Die schönsten deutschen Orangerien

In Mitteleuropa erfreuten sich insbesondere Orangenbäume großer Beliebtheit und so wurden im Sprachgebrauch aus Pomeranzenhäusern Orangerien. Es entstanden wahre Prachtbauten, die bald in keiner Schlossanlage mehr fehlen durften. In der Orangerie des **Schlosses Weikersheim** wurden mehrere hundert Zitrusbäume gehalten, ebenso beim Baron von Münchhausen auf **Schloss Wöbber** bei Hameln.

In jüngerer Zeit werden immer mehr alte Orangerien in Schlossanlagen restauriert und erneut mit Pomeranzenbäumen bestückt. Zu den bekanntesten und schönsten Orangerien gehören bei uns **Schloss Sanssouci** in Potsdam, die **Orangerie von Pillnitz** in Dresden, **die Herrenhäuser Gärten** in Hannover sowie Schloss Wörlitz und die **Schlossorangerie Karlsruhe**.

Eine der längsten Orangerien Europas hat das **Schloss Oranienbaum** bei **Wörlitz** aufzuweisen. Es wird ergänzt durch eine Parkanlage mit einem einzigartigen englisch-chinesischen Garten.

Die Anlage Dessau-Wörlitz wurde 2001 von der UNESCO als Weltkulturerbe ausgewiesen.

Volkamer, dessen Familie 1614 mit dem Bau einer großen Gartenanlage begann, bezog seine weit über 200 Zitruspflanzen in vielen Arten und Varietäten überwiegend aus Italien. Er ließ seine prächtige Gartenanlage ständig vergrößern und errichtete ein für seine Zeit außerordentlich modernes abschlagbares Pomeranzenhaus. Später verfasste er das noch heute bekannte zweibändige Werk »Nürnbergische Hesperides«.

Historische Kanalheizung im Neuen Garten Potsdam, die heute noch genutzt wird. Die Heizkanäle sind mit Eisenplatten abgedeckt.

Ansicht der Orangerie Schloss Sanssouci in Potsdam. Die Schlösser und Parks von Potsdam, Sanssouci und Berlin wurden 1990 zum Weltkulturerbe erklärt.

pflanzen steht in den berühmten und wunderschönen **Medici-Gärten** bei Florenz. Gleichfalls in Florenz können die **Boboli-Gärten** mit ihrer großen Zitrussammlung besichtigt werden. Österreich hat in **Wien** den **Belvedere-Garten** zu bieten, in England wartet die Anlage von **Kew Garden** mit einer sehenswerten Orangerie auf, und in den Niederlanden sind die **Orangerien in Leiden** und **Het Loo** von größerer Bedeutung.

Seit einigen Jahren gibt es auch auf der **Bodenseeinsel Mainau** eine sehenswerte Zitruspflanzen-Sammlung mit vielen historischen Varietäten. Die Überwinterung der wertvollen Gewächse erfolgt zum Teil in beheizten Gewächshäusern, zum Teil aber auch in einem riesigen, abschlagbaren gläsernen Palmenhaus.

Orangerien im europäischen Ausland

Bedeutende Orangerien findet man in ganz Europa, wobei die Orangerie im französischen **Versailles** zu den schönsten zählt. Eine große Sammlung in Terrakottatöpfen kultivierter Zitrus-

Eine große Sammlung von in Terrakottatöpfen kultivierten historischen Zitrus-Arten steht im Medici-Garten der Villa Castello bei Florenz.

Limonaien am Gardasee (aus: »Nürnbergische Hesperides« von J. C. Volkamer, 1708). Selbst Goethe bestaunte sie auf seinen Reisen.

Der schmiedeeiserne Orangenbaum mit den »Goldenen Äpfeln« ist heute das Wahrzeichen von Oranienbaum.

Die Limonaien Italiens

Auch in Italien, insbesondere am Gardasee, wurden schon früh Bauten zum winterlichen Schutz von Zitruspflanzen errichtet. Dort werden diese Gebäude als Limonaien bezeichnet, abgeleitet von dem italienischen Wort »limoni« für Zitronen. Noch heute kann man am Gardasee Ruinen von ehemaligen Limonaien besichtigen, aber auch noch erhaltene, sehenswerte Gebäude sind dort zu finden.

Oranier und Orangen

Eine unverkennbare Beziehung zu Orangen und deren Farbe besteht in den Niederlanden: So hat das heutige Königshaus der Niederlande einen Teil seiner Wurzeln in Dessau-Oranienbaum. Prinzessin Henriette Catharina von Oranien-Nassau, Vorfahrin der heutigen Königin Beatrix, errichtete ab 1681 das Schloss, den Park und die Stadt Oranienbaum in Sachsen-Anhalt. Henriette Catharina führte einen schmiedeeisernen Orangenbaum mit den »goldenen Äpfeln« – Zeichen fürstlichen Reichtums – als familiäres Symbol ein. Heute ist er das Wahrzeichen und Stadtwappen von Oranienbaum – und Orange die Farbe nicht nur der holländischen Fußballmannschaft.

Kurzer Exkurs in die Botanik

Zitruspflanzen *(Citrus)* stellen eine Gattung in der Familie der Rautengewächse (Rutaceae) dar. Weitere verwandte Gattungen sind *Fortunella, Poncirus, Microcitrus, Eremocitrus* und *Clymenia*. Bis auf *Poncirus* sind alle Arten immergrün und behalten ihr Laub etwa zwei bis drei Jahre. Nach Ansicht des amerikanischen Botanikers und renommierten Zitrusexperten Swingle bilden die sechs oben genannten Gattungen die echten Zitrusgewächse. Ist in diesem

Die 'Limeberry' *(Triphasia trifolia)* trägt weiße, stark duftende Blüten und rote essbare Beerenfrüchte.

Die 'Wampi' *(Clausena lansium)* ist ein immergrüner Baum mit weißen Blüten. Ihre kleinen, leicht behaarten Früchte können zu Marmelade verarbeitet werden, sie helfen auch bei Verdauungsbeschwerden.

Buch von Zitruspflanzen die Rede, sind jedoch nur die Gattungen *Citrus, Fortunella* und *Poncirus* gemeint. Bis auf *Poncirus* sind sie immergrün, sehr eng miteinander verwandt und es sind eine Vielzahl von Hybriden aus ihnen hervorgegangen (siehe Tabelle auf Seite 92). Ihre Früchte zählen botanisch zu den Beeren.

Von den in unserem Klimabereich gedeihenden Pflanzen sind mit den Zitruspflanzen die Weinraute *(Ruta graveolens)*, die Skimmie *(Skimmia japonica)* und der Chinesische Pfefferbaum *(Zanthoxylum simulans)* verwandt. Dazu kommen exotische, hier nicht winterharte Fruchtbäume wie die Weiße Sapote *(Casimiroa edulis)*, der Holzapfel *(Feronia limonia)*, die Wampi *(Clausena lansium)* und die Limeberry *(Triphasia trifolia)*.

Zitruspflanzen besitzen eine Besonderheit: Ihre Samen enthalten oft mehrere Embryonen. Das bedeutet, aus einem Samenkorn können teilweise über 30 Keimlinge heranwachsen. Diese Eigenschaft nennt man Polyembryonie. Von diesen Keimlingen sind allerdings gewöhnlich nur einige generativen Ursprungs; die übrigen sind auf vegetativem Wege – Nucellarembryonie genannt – entstanden und daher mit der Mutterpflanze identisch. Ob es sich bei den heranwachsenden Pflanzen um solche generativen oder

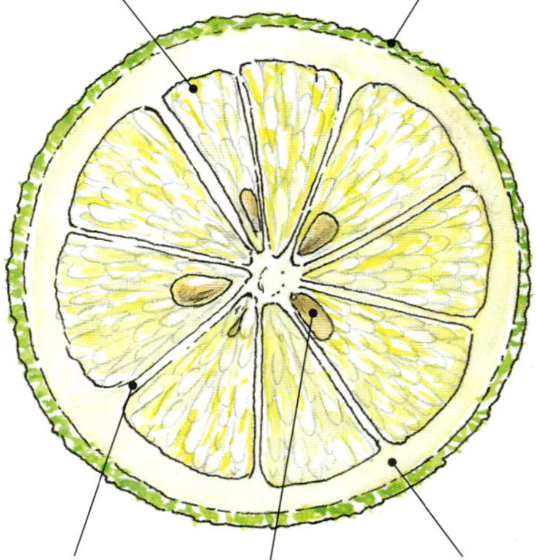

vegetativen Ursprungs handelt, kann zumeist erst nach dem ersten Fruchten sicher erkannt werden.

Da Zitruspflanzen sowohl zu mutativen Veränderungen als auch zur Bastardisierung neigen, ist eine einheitliche Klassifikation schwierig. Verschiedene Autoren haben sie in der Vergangenheit unterschiedlich vorgenommen. Allerdings ist die derzeit gängigste und daher in diesem Buch überwiegend verwendete die Einteilung nach Swingle.

»Verdelli«-Zitronen werden grün (Verdelli-Grünlinge) geerntet und müssen nachreifen.

Wirtschaftliche Bedeutung

Zitrusfrüchte stammen – aus nordeuropäischer Warte gesehen – aus dem Süden und werden daher vom Handel den Südfrüchten zugerechnet. Seit Jahrtausenden spielen sie in der Heilkunde, Schönheitspflege und Küche eine wichtige Rolle. Am bekanntesten sind Orangen und Zitronen. Kein Koch wird beispielsweise ohne den Saft von Zitronen auskommen. Deutschland ist der größte Zitrusfrüchte-Importeur der Welt. Hauptlieferant für die hierzulande konsumierten Zitronen sind Italien und Spanien. Während des ganzen Jahres reifen am Feminello-Zitronenbaum leuchtend gelbe Früchte, weshalb er auch Vier-Saison-Zitrone genannt wird. »Nur« zwischen September und Mai hingegen wachsen aus der ersten Blüte Früchte der noch leicht grauen Primofiori und der gelben Limoni.

Das Verdelli-Verfahren

Indem die Plantagenbesitzer dem Boden daraufhin eine Zeit lang das Wasser entziehen, schränken sie die Nahrungsaufnahme der Bäume ein. Das Laub beginnt zu welken. 40 Tage später wird dann stark bewässert, was die Bäume zu einer zweiten Blüte und zu erneutem Fruchten anregt. Durch Anwendung dieses so genannten **Verdelli-Verfahrens** können Früchte (»Verdelli-Grünlinge«) auch von Juli bis in den September zum Versand kommen.

Anbauländer

Kalifornien, Florida und Brasilien sind neben dem Mittelmeerraum die Hauptanbaugebiete für Zitrusfrüchte. **Apfelsinen** gedeihen am besten zwischen dem 20. und 40. Breitengrad. Die größten Anbaugebiete in Europa befinden sich dementsprechend an den Küstenstrecken der Mittelmeerländer. Mehr als die Hälfte des Weltexportes an Apfelsinen kommt aus Spanien, den größten Anteil hat die Provinz Valencia. Bei den frühen Sorten

ist im November Erntebeginn – die Früchte haben dann in kühlen Nächten ihre typische Farbe bekommen.
Italien, Spanien, Marokko, Israel und die Türkei liefern uns von November bis in den Juni hinein saftige **Winterorangen.** Aus Israel erhalten wir auch die beliebten, recht dickschaligen und süß aromatischen **Jaffa-Orangen** ('Shamouti'). **Sommerorangen** hingegen, wie wir sie von Juni bis November kaufen können, stammen überwiegend aus Argentinien, Brasilien und Südafrika.
Navel-(oder **Nabel-**)**Orangen** kommen in erster Linie aus Spanien und Marokko, **Grapefruits** aus den USA, Südafrika, Israel, Spanien und Marokko, **Mandarinen** aus Spanien, der Türkei, Frankreich, Marokko und Florida – meist um die Weihnachtszeit.
Anbauländer der Sauren **Limetten** sind Südafrika, Brasilien, Mexiko, die Staaten der Karibischen Inseln, Kalifornien und Ägypten sowie Asien mit den Hauptproduktionsländern Indonesien und Thailand, Sri Lanka und Indien. Süße Limetten werden in Asien, speziell im Iran, sowie in Südeuropa kultiviert und sind hier nur selten im Handel zu finden. **Kumquat-**

Ein besonders schön gewachsenes altes Exemplar der 'Valencia'-Orange in einer Orangenplantage bei Valencia. Spanien ist der größte Apfelsinenlieferant der Welt.

Importe stammen häufiger aus Ostasien, Südafrika, Israel, Italien und den USA.
Asien, Teile des Mittelmeergebietes sowie das südliche Nordamerika besitzen große **Pampelmusen**plantagen.
Zitronen liefern uns Italien mit seinen Anbaugebieten Sizilien, Kalabrien, Kampanien und Apulien sowie Spanien, Portugal, die Türkei, Griechenland, Zypern, Ägypten und die USA mit Florida und Kalifornien. Zitronen mögen es weder zu warm noch zu kalt, und genau wie Orangen brauchen sie zur optimalen Färbung einige kühle Nächte. Zitronen werden zumeist vor der Vollreife geerntet und müssen daher unter optimalen Bedingungen bei ca. 10 °C und mindestens 80% relativer Luftfeuchtigkeit gelagert werden.

Besonders schmackhafte Zitrusfrüchte kommen zu uns aus den Mittelmeerländern. Wegen der recht kurzen Transportwege verderben sie auch dann nicht, wenn sie reif geerntet werden. Sie sollen kühl und bei ausreichender Luftfeuchtigkeit gelagert werden.

Gut verpackt für die Reise

Als Apfelsinen- oder Orangenkisten noch weite Schiffsreisen antreten mussten, um zum Beispiel von Marokko nach Deutschland zu gelangen, kam es vor, dass die Früchte während der langen Fahrzeit zu schimmeln begannen. Obwohl nur tadellose Früchte auf den Transportweg gebracht wurden, waren die Ausfälle nicht gerade gering. Um solchem Verderb vorzubeugen, wurden die zuvor für den Transport gewaschenen und abgetrockneten Früchte nach Größe sortiert und von Packerinnen einzeln in Seidenpapier gewickelt. Das Papier verhinderte ein Aneinanderreiben der Früchte, Transportschäden verringerten sich. Bei mehr als 5% Verlust trug in aller Regel der Absender den Schaden, bei weniger als 5% Verlust der Empfänger.

Damit die Früchte atmen können, werden auch heute noch speziell für den Versand luftdurchlässige Spaltkisten angefertigt. Je nach Fruchtgröße ist die Zahl der Früchte in den Kisten vorgegeben. Das Gewicht einer Kiste schwankt zwischen 31 und 38 kg. Je kleiner die Früchte, desto schwerer die Kiste. Ihr Durchschnittsgewicht beträgt etwa 35 kg. Die Kisten werden so befüllt, dass der Deckel mit leichter Kraft angedrückt werden muss. So soll verhindert werden, dass die Früchte beim Versand durch Schwitzen an Größe verlieren. Sie würden sonst später zu locker in der Kiste liegen.

Inzwischen kommen Kisten mit Zitrusfrüchten oft ohne Deckel, nur mit einem durchsehbaren Netz geschlossen, zum Versand. Sie werden überwiegend mit dem Flugzeug transportiert und per LKW zu den Großmärkten gebracht. Wochen- oder monatelange Transportzeiten sind Vergangenheit, die Früchte kommen wohlbehalten an.

Dennoch wollen viele Lieferanten auch heute nicht ganz auf diese kleinen hübschen Zitrus-Seidenpapierchen verzichten. Dies ge-

Orangenernte: Gepflückte Apfelsinen reifen nicht mehr nach. Sie dürfen nur exportiert werden, wenn das Verhältnis Zucker zu Säure stimmt.

In großer Vielfalt sind die hübschen bunten Zitruspapierchen zu finden. Sogar im Wilhelm-Busch-Museum in Hannover sind sie mit Max-und-Moritz-Motiv zu besichtigen.

schieht allerdings weniger zum Schutz der Früchte als vielmehr aus werblicher Sicht, denn das Auge kauft bekanntlich mit. Aus diesem Grund finden sich auf der oberen Lage der Zitruskisten häufig noch einige in dekoratives Seidenpapier eingewickelte Früchte. Und da der menschliche Sammlertrieb keine Grenzen kennt, haben auch diese kleinen bunten Papierchen leidenschaftliche Liebhaber gefunden. Es gibt Sammler, die schon mehrere tausend solcher bunten Zitruspapierchen besitzen. Auf Tauschmärkten muss man mitunter fünf bis zwanzig Euro für seltene Glanzpapiere hinblättern.

auf einen blick

- Zitrusgewächse sind in Südostasien heimisch und wurden ihrer Früchte wegen bereits vor 4000 Jahren kultiviert.
- Das Wort Apfelsine bedeutet so viel wie »Apfel aus China«.
- Nach Europa kamen die Pflanzen mit den Arabern, die das Obst zuerst in Afrika und dann auf der Iberischen Halbinsel bekannt machten. Von dort traten die Zitrusbäume ihren Siegeszug über den gesamten Mittelmeerraum an.
- Noch vor 150 Jahren waren Zitrusfrüchte in unseren Breiten echter Luxus und kamen mit »Fruchtjager« genannten Schnellseglern aus Süditalien.
- Bereits im 15. und 16. Jahrhundert wurden in den Gewächshäusern des Adels neben anderen Exoten auch Zitruspflanzen kultiviert.
- Später entstanden eigene Pomeranzenhäuser oder Orangerien.
- Botanisch gehören Zitruspflanzen zur Familie der Rautengewächse. Die meisten sind immergrün, und ihre Früchte zählen zu den Beeren.

Die schönsten Zitrus-Arten im Porträt

Aus den Gattungen *Citrus, Fortunella* und *Poncirus,* auf die sich die folgende Darstellung beschränkt, sind die vielen Arten und Hybriden hervorgegangen, die wohlschmeckende Früchte liefern und als Wurzelstöcke bei der Vermehrung Verwendung finden. Weil manche Zitruspflanzen auf natürlichem Wege zur Hybridisierung und zu spontanen Mutationen neigen, ist eine sichere botanische Zuordnung leider nicht immer möglich.

Nahezu alle vorgestellten Zitruspflanzen befinden oder befanden sich bei den Autoren in Kultur. Sie stellen nur einen kleinen Teil der bekannten Sorten dar, geben aber einen Einblick in die Vielfältigkeit der faszinierenden Welt der Zitrusgewächse.

Ihr aromatisches Fruchtfleisch schmeckt süß oder leicht süßsäuerlich. Die Fruchtgröße ist von Sorte zu Sorte unterschiedlich.
Orangenbäume tragen eiförmiglängliche ledrige Blätter, die Blattstiele sind leicht geflügelt.

Zu den Porträts:
Der gelegentliche Hinweis auf Samenlosigkeit der Früchte bedeutet, dass sie in der Regel samenlos sind, selten aber auch einige Samen aufweisen können. Wurden in den Porträts Stichworte des gewählten Schemas fortgelassen, entsprechen die Erklärungen denen, die in der Beschreibung der Art bereits ausgeführt sind. Aus Platzgründen mussten einige Sorten zusammengefasst vorgestellt werden.

Apfelsinen, Orangen, Pommesinen

Apfelsinen *(Citrus sinensis)* stammen aus China und wurden um 1548 von den Portugiesen in Europa eingeführt. Die Früchte sind von orangegelber bis leuchtend orangeroter Farbe, kugelförmig, aber auch oval oder eiförmig und häufig oben und unten leicht abgeplattet.

◀ Ein optisch freundlicher Lichtblick ist die 'Calamondin' mit ihren zahlreichen Früchten.

Zitrusfrüchte werden weltweit plantagenmäßig angebaut. Nach Bananen und Tafeltrauben stehen sie in der Weltobstproduktion an dritter Stelle.

Die Blüten der Orangenbäume erscheinen leuchtend weiß und verströmen einen zauberhaft romantischen Duft.
Orangenfrüchte können in drei Gruppen eingeteilt werden: **Blondorangen, Navelorangen** – eine besondere Form der Blondorangen – und **Blutorangen.** Zusätzlich unterscheidet man hinsichtlich des Erntezeitpunktes zwischen Früh- und Spätorangen.
Blutorangen mit rotem Fruchtfleisch und mehr oder weniger roter Fruchtschale werden Vollblutorangen genannt, nur rotfleischige Halbblutorangen.

Orangen benötigen zur vollen Reife viel Wärme. Aus ihren Blüten wird das bekannte Neroliöl gewonnen.

Blutorangen sind Mutationen verschiedener Orangensorten aus dem Mittelmeerraum. Durch Anreicherung des Farbstoffes Anthocyan verfärben sich Fruchtschale und Fruchtfleisch. Unter dem Einfluss der Fruchtsäure entwickeln sich dann die verschiedenen Rottöne. Die Blutfärbung der Früchte hängt darüber hinaus vom Standort der Bäume ab, also von den Klima-, Boden- und Lichtverhältnissen.
Eine vierte Gruppe, die **Süßorangen**, hat nur lokale Bedeutung. Sie sind nahezu säurelos – geschmacklich süß, aber fade.

Navelorangen

Citrus sinensis
'Washington Navel'
(Syn.: 'Bahia')

Herkunft: Entdeckt wurde diese durch Mutation entstandene Sorte in Bahia/Brasilien.
Wuchs: Ein nur mittelstarker Wuchs ist typisch. Sie trägt schöne dunkelgrüne Blätter, die stängelseits geflügelt sind.
Früchte: Die samenlosen orangefarbenen Früchte sind groß und rundlich mit sehr süßem Geschmack. Die Segmente lassen sich leicht teilen. Typisch ist der ausgeprägte Nabel (engl. navel), bei dem es sich um eine zweite kleine Tochterfrucht handelt. Die recht dicke, grobporige Schale lässt sich von der festfleischigen Frucht leicht entfernen.
Kulturhinweise: Diese für die Kübelkultur sehr geeignete Sorte wächst auffallend kompakt und fruchtet früh. Hauptanbauländer sind Spanien und Marokko.
Sonstiges: Interessant ist die Sorte 'Cara Cara', eine Mutation der Washington Navel mit rotviolett pigmentiertem Fruchtfleisch. Die Früchte und ausgepresster Saft werden nach längerer Lagerung bitter.

'Washington Navel', ihre tieforangefarbenen Früchte werden hauptsächlich in Spanien und Marokko angebaut.

Citrus sinensis
'Navel Late'

Herkunft: Sie ist eine Mutation der 'Washington Navel'.

Wuchs: Wie 'Washington Navel'.
Früchte: Die Früchte dieser späten Orangensorte sind bei uns ab Januar erhältlich. Sie sind mittelgroß, aber kleiner als 'Washington Navel' und haben eine feinporige Schale. Die recht gut haltbaren Früchte schmecken süß und saftig.
Kulturhinweise: Als Kübelpflanze bestens geeignet. Sie bildet auch hier schmackhafte Früchte.

Citrus sinensis
'Navelina'

Herkunft: Die früher als 'Smith's Early Navel' bezeichnete, aus Kalifornien stammende Sorte trägt heute den Namen 'Navelina'.
Wuchs: Die Pflanze hat einen mittelstarken, aufrechten Wuchs.
Früchte: Navelina-Früchte kommen meistens schon im Oktober aus Spanien. Sie sind früh reifend, haben eine verhältnismäßig dünne Schale und einen kleinen Nabel. Sie sind saftig und von süßem bis süßsaurem Geschmack, leicht oval und kleiner als die Früchte der 'Washington Navel'.
Kulturhinweise: Sie stellt ähnliche Kulturansprüche wie die Sorten 'Washington Navel' und 'Navel Late'.
Sonstiges: In Spanien ist 'Navelina' eine bedeutende Plantagenpflanze, die nicht zuletzt wegen ihres hohen Fruchtertrages und ihrer Krankheitsresistenz geschätzt wird.

'Navelina' ist eine wertvolle Blondorange mit gutem Geschmack.

Citrus sinensis
'Thomson-Navel'

Herkunft: Die seit dem 19. Jahrhundert bekannte Sorte stammt aus Kalifornien.
Früchte: Die mittelgroßen, hellen Früchte sind saftig und von gutem Geschmack.

Die 'Valencia'-Orange wurde schon im 19. Jahrhundert in englischen Orangerien gezüchtet.

Blondorangen

Citrus sinensis
'Valencia', 'Valencia Late'

Herkunft: Sie stammt offensichtlich von den zu Portugal gehörenden Azoren. Ab Mitte des 19. Jahrhunderts wurde die Sorte zunächst in Orangerien der englischen Landhäuser gezüchtet. In den USA war diese Sorte unter den Namen 'Hart's Tardiff', 'Hart Late' und 'Rivers Late' bekannt, bis ein spanischer Zitrusspezialist ihre Ähnlichkeit mit der in Spanien kultivierten Sorte entdeckte und sie 'Valencia' nannte. Bekannt ist sie auch unter dem Namen 'Valencia Late'.
Wuchs: Sie wächst mittelstark bis stark und bildet eine gut verzweigte dichte Krone. Die mittelgroßen, spitz zulaufenden ellip-

tischen Blätter sind leicht geflügelt.
Früchte: Die weißen, angenehm duftenden Blüten sind vor allem in den Frühjahrsmonaten zahlreich. 'Valencia Late' ist die weltweit bedeutendste Orangensorte. Sie hat ein aromatisches, stark gefärbtes und sehr saftiges und süßes Fruchtfleisch und eignet sich deshalb hervorragend zur Herstellung von Säften sowie Konzentraten. In Amerika wird sie als Königin des Orangensaftes bezeichnet. Die dünnschaligen, runden bis ovalen Früchte tragen keine oder wenige Samen. Bis zur Ausreife ab März benötigen sie viel Wärme. Sie können lange am Baum verbleiben.

'Salustiana' ist eine sehr bedeutende Blondorange mit intensiv orangegefärbten Früchten.

Kulturhinweise: Sie ist eine sehr dekorative Kübelpflanze, da der Reifeprozess der Früchte lange dauert und sich somit reife und junge, grüne Früchte zusammen mit Blüten an einem Baum befinden. Bei starkem Fruchtansatz sollte auf ausreichende Wasser- und Nährstoffversorgung geachtet werden.
Sonstiges: Valencia-Orangen zählen zu den Blondorangen, werden aber auch als 'Spätfrüchte' bezeichnet, da ihre Erntezeit sehr spät liegt. Hauptanbaugebiete sind Marokko, Spanien, Südafrika, Zypern, Israel, Brasilien und die USA.

Citrus sinensis 'Salustiana'

Herkunft: Diese Sorte wird seit 1950 in Spanien angebaut und ist dort die nach der 'Valencia' zweitwichtigste Blondorange.
Wuchs: Sie wächst mittelstark.
Früchte: Sie trägt kleine bis mittelgroße, überaus saftreiche, aromatische, süße und kernlose Früchte. 'Salustiana' ist eine der besten Saftsorten.
Kulturhinweise: Diese Sorte ist zur Kübelkultur hervorragend geeignet. Sie wächst dort kräftig und bildet zahlreiche zuckersüße, recht kleine Früchte aus. Wenn möglich, sollte sie auf einer stärker wüchsigen Unterlage veredelt sein.
Sonstiges: Hauptanbaugebiete sind Marokko und Spanien.

Citrus sinensis 'Shamouti' (Syn.: 'Cyprus Oval') 'Jaffa-Orange'

Herkunft: Sie entstand 1844 durch Knospenmutation an einem Orangenbaum in einem Obstgarten bei Jaffa.
Wuchs: Die Sorte wächst mäßig bis kräftig und aufrecht, ihre Blätter sind groß und breit.
Früchte: Die hell orangefarbenen ovalen Früchte besitzen sehr wenige oder keine Kerne. Sie haben einen süßen Geschmack und hängen üppig an den Pflanzen. Eine dickere Schale, die leicht zu schälen ist, umhüllt das zarte, aromatische Fruchtfleisch.
Kulturhinweise: Dichtes Blattwerk und schöne Früchte machen sie zu einer attraktiven Kübelpflanze. In Israel wird die 'Jaffa-Orange' auf die 'Süße Palästinensische Limette' ver-

'Shamouti'- oder 'Jaffa-Orangen' sind begehrte, attraktive Kübelpflanzen. Ihre Früchte sind sehr schmackhaft und leicht schälbar.

edelt, auf Zypern ist die Pomeranze der bevorzugte Wurzelstock. Auch im Kübel gedeiht die Pflanze gut auf beiden Unterlagen.
Sonstiges: Die Hauptanbauländer dieser wichtigen Sorte sind Israel, Zypern und die Türkei. Im Handel sind die Früchte bei uns von Januar bis März erhältlich, in letzter Zeit werden sie leider nur noch selten angeboten.

Citrus sinensis
'Kotidiana'

Herkunft: Bei dieser Sorte soll es sich um eine Mutation der 'Valencia' handeln.
Wuchs: Diese seltene Pflanze wächst recht schwach und breit. Ihre großen, dunkelgrünen Blätter mit leicht geflügelten Blattstielen sind weißlich-gelb panaschiert.
Früchte: Anfänglich sind die Früchte von grüner Farbe, anschließend gelb-grün gestreift und schließlich zur Reifezeit orangefarben.
Kulturhinweise: Es handelt sich um eine besonders dekorative Kübelpflanze.

Blutorangen

Citrus sinensis
'Tarocco'

Herkunft: Diese Halbblutorange hat ihren Ursprung in Sizilien/Italien.
Wuchs: Die Sorte wächst mittelstark, teilweise ungleichmäßig.
Früchte: Die Früchte dieser Halbblutorange werden mittelgroß bis groß und sind orangefarben, manchmal rötlich angehaucht. Die Früchte lassen sich leicht schälen, das Fruchtfleisch ist sehr saftig, aromatisch süß und hell bis tief rot gefärbt. Die Früchte besitzen einen leichten Nacken und tragen nur wenige Kerne.
Kulturhinweise: Windgeschützter Standort im Freiland, eventuell anbinden, oder ganzjährige Kultur im Wintergarten/Gewächshaus ist möglich.
Sonstiges: Trägt weniger, dafür aber größere Früchte als andere Blutorangensorten.

'Kotidiana', hier noch mit gelb-grün gestreiften Früchten, ist sehr dekorativ, aber selten erhältlich.

Die Halbblutorangen der Sorte 'Moro' kommen überwiegend aus Sizilien zu uns.

Citrus sinensis 'Moro'

Herkunft: Eine Halbblutorange aus Italien/Sizilien.
Wuchs: Typisch für die Sorte ist ihre kompakte runde Krone bei mittelstarkem bis kräftigem Wuchs.
Früchte: Die frühreifen, mittelgroßen, oft kernlosen Früchte sind rötlich-orangefarben; das Fruchtfleisch ist dunkelrot bis violett, manchmal schwarzrot gefärbt. Sie lassen sich einfach schälen, sind süß und haben einen charakteristischen Geschmack.
Kulturhinweise: Ganzjährige Wintergartenkultur möglich. Für die kräftige Färbung sind jedoch winterlich niedrigere Temperaturen notwendig.
Sonstiges: Ein ähnliches Aussehen hat die Halbblutorange 'Maltaise Sanguine'.

Citrus sinensis 'Washington Sanguine'

Herkunft: Halbblutorange, eine Knospenmutation der Sorte 'Doble Fina'.
Wuchs: Diese Sorte ist eine kleiner bleibende, nicht sehr kräftig wachsende Pflanze.
Früchte: Die etwas dicke, orangefarbene, manchmal leicht rötliche Schale ist leicht ablösbar. Die mittelgroßen, ovalen Früchte sind kernarm, haben einen süßsäuerlichen Geschmack und tragen nur selten eine leicht rötliche Pigmentierung.
Sonstiges: Plantagenmäßiger Anbau erfolgt überwiegend in Marokko.

'Washington Sanguine', eine kernarme wichtige Halbblutorange aus Marokko.

Citrus sinensis 'Sanguinelli'

Herkunft: Eine Vollblutorange, ebenfalls hervorgegangen aus einer Knospenmutation der Sorte 'Doble Fina'. Sie wurde 1929 in Almenara, Spanien, entdeckt.
Wuchs: Typisch ist ihr nur schwacher bis mittelstarker Wuchs. Ihre geflügelten, langen schmalen Blätter sind etwas heller.
Früchte: Die dicke, rot gefärbte Schale der kleineren bis mittelgroßen ovalen Früchte löst sich nur schwer. Das rote bis tiefrote (»blutige«) Fruchtfleisch hat einen süßen Geschmack, wenige Kerne und ist sehr saftig.
Kulturhinweise: Schon sehr junge Bäumchen tragen Früchte, die längere Zeit an der Pflanze hängen bleiben können. Gute Erfahrungen als Kübelpflanze bestehen bei Veredlung auf *C. aurantium*. Durch den damit initiierten etwas kräftigeren Wuchs trägt die Pflanze viele ausreifende Früchte. Bei gelegentlichen winterlichen Tem-

Die Vollblutorange 'Sanguinelli' hat rot gefärbte Früchte mit dunkelrotem Fruchtfleisch.

peraturen um 10 °C erfolgt eine deutliche Pigmentierung der Fruchtschale, was die Pflanze besonders attraktiv macht.
Sonstiges: 'Sanguinelli' wird in Spanien oft angebaut.

Mandarinen und Mandarinenartige

Verschiedene Botaniker versuchten sich in der Einteilung von Mandarinen *(Citrus reticulata)* in verschiedene Kategorien oder Arten. Durchgesetzt hat sich bislang vielerorts die Einteilung nach Hodgson in vier Gruppen: Danach handelt es sich bei *Citrus reticulata* um die **Mandarine** allgemein, bei *C. nobilis* um die **'King'-Mandarine**, bei *C. deliciosa* um die **'Mittelmeer-Mandarine'** und bei *C. unshiu* um die **Satsuma**.
Die nachfolgend vorgestellten Mandarinenartigen sind Pflanzen mit kleineren Früchten, die im allgemeinen leicht schälbar sind (»Easy Peeler«) und vom Handel oft allgemein als Mandarinen oder Clementinen angeboten werden, was nicht immer stimmt. Die genaue Zuordnung zu einer Art oder bei Hybriden zu den Elternpflanzen ist häufig schwierig. Aus diesem Grunde werden sie auch hier in einer Gruppe vorgestellt.
Mandarinen zählen zu den ältesten Zitrusfrüchten; sie stammen aus dem südlichen China. Im Altertum waren sie in ihrer Heimat nur höchsten Persönlichkeiten, den Mandarinen, vorbehalten – daher ihr Name.

Wegen ihrer überaus reichen Blüte und den nachfolgend vielen Früchten gefällt *Citrus nobilis* als Solitärstämmchen.

Anderen Quellen zufolge wurden Mandarinen erstmals auf der Insel Mauritius im Indischen Ozean angebaut. Die Einheimischen nennen ihre Insel Mandara, woraus der Name Mandarine abgeleitet worden sei. Inzwischen werden Mandarinen weltweit kultiviert und haben im Mittelmeergebiet eine zweite Heimat gefunden. Typisch für die Pflanzen sind die schmalen, spitzovalen Blätter und die fehlende Flügelung der Blattstiele. Die Triebe einiger Arten sind kurz und spitz bedornt, andere kaum oder gar nicht.

Mittelmeer-Mandarinen unterscheiden sich gegenüber Clementinen unter anderem in der gelblichen Fruchtschale.

Citrus deliciosa 'Mittelmeer-Mandarine'

Herkunft: Die 'Mittelmeer-Mandarine' stammt ursprünglich aus China.
Wuchs: Sie wächst langsam und bildet hängende Zweige. Wird sie nahe am Boden veredelt, entspricht ihr Habitus einem großen Strauch. Die Blätter sind klein und schmal; leicht gerieben, verströmen sie einen intensiven Mandarinenduft. Ausgewachsen ist sie ziemlich kältetolerant.
Früchte: Sie sind samenreich und relativ klein, abgeplattet und gelblicher bis gelblich-orangefarben, gelegentlich auch nackig. Sie lassen sich ausgesprochen leicht schälen. Ihr Geschmack ist einzigartig – der unverwechselbare typisch milde und süße Mandarinengeschmack.
Kulturhinweise: Eine ideale Pflanze zur Kübelkultur. Prächtige Pflanzen können durch Kopfveredlung auf etwa 50 cm hohe Stämmchen von Citrange- oder Pomeranzenunterlagen angezogen werden.
Sonstiges: Die Mittelmeer-Mandarine hat verschiedene Synonyme. In den USA ist sie unter 'Willowleaf'-Mandarine bekannt, in der Türkei unter 'Bodrum'. Auf Sizilien werden drei Selektionen kultiviert: die glattschalige 'Avana di Palermo', die nackige, rauschalige 'Avana di Paterno' und die später reifende, besonders süße 'Tardivo di Ciaculli'.

Citrus reticulata 'Clementine'

Herkunft: Man sagt, sie sei um 1890 durch Kreuzung einer Mandarine *(Citrus deliciosa)* mit einer Sauerorange *(Citrus aurantium)* entstanden. Benannt ist sie nach Pater Clement Rodier, Leiter in einem landwirtschaftlichen Waisenhaus in Misserghin bei Oran in Algerien. Er entdeckte sie dort in seinem Garten.
Wuchs: Wie die meisten Mandarinenartigen ist die Clementine nur schwachwüchsig.
Früchte: Die samenlosen, bei Reife prallen Früchte sind besonders süß und saftig. Ihre Schale lässt sich leicht abziehen.
Kulturhinweise: Wegen des recht schwachen Wuchses und ihres ansprechenden Habitus ist sie als Kübelpflanze zu empfehlen. Zur Fruchtbildung ist Fremdbestäubung sinnvoll.
Sonstiges: Inzwischen sind viele Clementinensorten im Handel, die sich in bestimmten Eigenschaften unterscheiden. Die

Eine attraktive Kübelpflanze – 'Hernandina' trägt kleinere, spät reifende, mandarinenartige, gut schälbare und süßsäuerliche Früchte.

wichtigsten sind die dornige 'Arrufatina', die früh reifende, oft noch grünschalige 'Bekria', die samenreiche 'Monreal' und die in Spanien populärste Sorte 'Nules', entstanden aus Knospenmutation der 'Fina'.

Citrus reticulata 'Hernandina'

Herkunft: Die Sorte entstand aus einer Knospenmutation der Clementinensorte 'Fina' im Jahre 1966 in der Region Valencia/Spanien.
Wuchs: Diese Clementine wächst kräftig und kompakt. Sehr ansehnlich sind ihre großen, langen und spitzovalen, tiefgrünen Blätter.
Früchte: Die relativ kleinen Früchte besitzen einen süß säuerlichen Geschmack und sind gut schälbar. Typisch für diese Sorte ist eine kleine grün bleibende Fläche nahe dem Stielansatz. Der Rest färbt sich zur Reife orange.
Kulturhinweise: Belaubung und Früchte machen sie zu einer attraktiven Kübelpflanze, die auch niedrige Temperaturen akzeptiert.
Sonstiges: In Spanien wird sie oft angebaut. Geerntete Früchte sind nicht sehr lange lagerfähig. Am Baum können reife Früchte jedoch einige Wochen ohne Qualitätsverlust »gelagert« werden.

'Ellendale'

Herkunft: Sie ist ein Kreuzungsprodukt aus Mandarine, Orange und Tangerine, entstanden 1878 in Burrum/Australien.
Wuchs: 'Ellendale' wächst mittelstark und bildet sehr ausladende Triebe. Im Alter bekommt sie eine runde Krone. Ihre kleinen Blätter haben breit-elliptische Form.
Früchte: Die Früchte sind mittelgroß bis sehr groß und abgeflacht, die orangerote Schale ist ziemlich glatt, sehr dünn und nicht einfach abzulösen. Ihr ebenfalls orangefarbenes Fruchtfleisch hat ein charakteristisches Aroma und ist sehr saftig, süß bis süßsäuerlich. Ausgereifte Früchte zählen zum schmackhaftesten Zitrusobst. Die Früchte bilden überhaupt keine oder sehr viele Samen aus.
Kulturhinweise: Sie verkraftet höhere und niedrigere Temperaturen. Für die Kübelkultur empfiehlt sich ein warmer und heller Standort.
Sonstiges: Die Früchte sollten bei Reife geerntet und verzehrt werden; am Baum verbleibende verlieren bald an Geschmack.

Tangerine 'Dancy'

Herkunft: Es ist eine alte Sorte aus Florida, angezogen 1867 aus Samen der Sorte 'Moragne tangierine'.
Wuchs: Sie ist wenig bedornt und wächst für eine Mandarine kräftig und aufrecht.

Die süßen, saftigen Früchte von 'Fortuna' finden wir im Februar und März im Angebot.

Früchte: Die Früchte sind tief orangerot gefärbt, die Schale ist dünn, ledrig und zäh und wird im Alter uneben. Die kleinen bis mittelgroßen Früchte haben einen kleinen Nacken. Das tief orangefarbene Fruchtfleisch ist von süßem Geschmack, wenig saftig und trägt mehrere Samen.
Kulturhinweise: Sie verträgt kühlere Temperaturen. Mit ihren zahlreichen kleinen leuchtenden Früchten ist sie eine der attraktivsten Zitrus-Kübelpflanzen.
Sonstiges: Tangerinen kommen aus Marokko. Sie wurden früher in der marokkanischen Stadt Tanger gehandelt, daher ihr Name. Wegen der großen Nachfrage zu Weihnachten wird diese Sorte in den USA auch 'Christmas Tangerine' genannt.

'Fortuna'

Herkunft: Die Sorte entstand 1964 in Kalifornien aus einer Kreuzung von 'Clementine' und 'Dancy'.
Wuchs: Sie ist auffallend breitwüchsig und wächst für eine Mandarinenartige kräftig. Ihr Blattwerk bedeckt zum Teil die Früchte, sodass diese vor eventueller Kälte und Sonnenbrand geschützt sind.
Früchte: Die mittelgroßen Früchte sind abgeflacht, rötlich-orangefarben, süß bis sehr süß, oft samenlos und saftig. Die relativ dünne Schale ist mittelgut bis schlecht ablösbar.
Kulturhinweise: Sie bevorzugt einen warmen Standort und ein gut mit Nährstoffen versorgtes Substrat.
Sonstiges: Die sehr ertragreiche, spät reifende Sorte wird häufig in Spanien angebaut. Bei uns ist sie die Clementine des Februars und März.

'Murcott'

Herkunft: Sie wurde Anfang des 20. Jahrhunderts entdeckt und nach dem Pflanzenzüchter Charles Murcott Smith benannt. Es handelt sich bei ihr um eine Kreuzung von Tangerine und Orange.
Wuchs: Die Pflanze wächst mittelstark und hat weidenförmige Zweige mit kleineren lanzettlichen Blättern.
Früchte: Die Früchte sind mittelgroß und fest, zur Reifezeit gelborangefarben und weisen flache oder leicht eingedrückte Pole auf. Das Fruchtfleisch ist sehr saftig und süß und hat durchschnittlich zwölf Kerne. Die glatte Schale sitzt fest an.
Kulturhinweise: Bei zu hohem Fruchtansatz sollten einige Früchte rechtzeitig entfernt werden, um Zweigbrechen zu verhindern.
Sonstiges: In den USA trägt sie den Namen 'Honey Tangerine.'

'Murcott' ist reich tragend, ihre Früchte sind geschmacklich von guter Qualität, saftig und süß.

'Mapo' mit noch grüner Fruchtschale.

'Mapo'

Herkunft: Sie ist ein Hybrid aus Mandarine und Grapefruit oder Pampelmuse und stammt aus Italien.
Wuchs: Sie wächst mittelstark und locker. Die Blätter sind schmal, beim Zerreiben verströmen sie Mandarinenduft.
Früchte: Die gelblich-orangefarben, kleinen bis mittelgroßen Früchte sind saftig und mild säuerlich. Die Schale ist dünn bis mitteldick. Eine Frucht kann bis zu 15 Kerne haben.
Kulturhinweise: Problemlose Kübelkultur, üblich als kurzes Stämmchen.

'Mandora'-Mandarinen aus Zypern.

Tangor 'Ortanique'

Herkunft: Sie ist eine Kreuzung aus Orange und Tangerine. Der Name Ortanique setzt sich aus Orange, Tangerine und unique zusammen. Letzteres bedeutet einzigartig.
Wuchs: 'Ortanique' ist stark wachsend mit dichtem Blattwerk.
Früchte: Die Früchte sind mittelgroß, hell- bis tieforange von dünner bis mitteldicker Schale, süß aromatisch und extrem safthaltig. Je nach Standort und klimatischen Bedingungen können sie hinsichtlich Farbe, Schalendicke und Anzahl der Samen variieren.
Kulturhinweise: Bei hohem Fruchtansatz ist auf eine ausreichende Wasserversorgung des Wurzelballens zu achten. Tangor 'Ortanique' ist eine optisch dekorative Pflanze.
Sonstiges: Reife Früchte können ohne größere Qualitätseinbuße für einige Zeit an der Pflanze hängen bleiben. In den jeweiligen Anbauländern tragen sie unterschiedliche Namen. Auf Zypern werden sie 'Mandora', in Israel 'Topaz', in Südafrika 'Tambor', in Uruguay 'Urunique' und in Australien 'Australique' genannt.

Citrus unshiu 'Satsuma'

Herkunft: Die in Japan schon seit mehreren Jahrhunderten bekannte Pflanze wurde 1878 'Satsuma' getauft, nach einem ehemaligen Provinznamen auf der Insel Kiuschu. Entstanden ist sie vermutlich durch Mutation einer Mandarine.
Wuchs: Sie wächst schwach und breit ausladend, im Alter mit hängenden Zweigen. Die großen, elliptischen Blätter sind gewöhnlich dunkelgrün.

▲ 'Satsuma'-Früchte mit orange-grünlicher Fruchtschale.

◀ Satsumas gelten als besonders kälteresistent.

Früchte: Die orangefarbene, gelegentlich grünlich-gelb gefleckte Schale ist dünn und vom Fruchtfleisch leicht zu trennen. Die mittelgroßen Früchte sind nahezu samenlos, saftig und von mildem, oft säuerlichem Aroma.

Kulturhinweise: Sie verträgt kältere Temperaturen. Zum Überwintern reicht ein schwach geheizter Wintergarten oder ein frostfreies Gewächshaus aus.

Sonstiges: Sie ist eine frühreifende Sorte, die ab Oktober beerntet wird.

Weitere wichtige Mandarinenartige:

- Die frühe, mittelsüße Satsumasorte **'Clausellina'** entstand aus einer Knospenmutation der Sorte 'Owari' in Spanien.
- Dekorativ wächst die **'Cleopatra'**-Mandarine. Sie trägt massenweise kleine süßsäuerliche Früchte und gibt eine ansehnliche Kübelpflanze ab. Auch als starkwüchsige Unterlage, besonders für Mandarinenartige, wird sie gerne eingesetzt.
- Eine weitere empfehlenswerte Sorte ist **'Kara'**. Sie ist mittelstark wachsend, hat hängende, teilweise ausladende Zweige und trägt große, tieforangefarbene, leicht nackige Früchte.
- **'Michal'** stammt aus Israel und liebt die Wärme. Sie ist wahrscheinlich eine Hybride aus 'Clementine' und 'Dancy'. Die früh reifenden rötlich-orangefarbenen Früchte sind süß und von gutem Aroma.
- Die süßsaure **'Idid'** aus Israel trägt ausgesprochen schöne Früchte und ist daher zur Kübelkultur zu empfehlen.
- **'Clemenvilla'**, identisch mit **'Nova'**, ist früh reifend. Sie kommt mit unserem Klima gut zurecht und eignet sich hervorragend zur Kübelkultur, weil sie im Frühjahr überreich blüht und einen betörenden

① 'Michal' hat süße Früchte.
② 'Idid'-Früchte schmecken süßsauer.
③ 'Daisy' ist vieltragend.
④ 'Kucle' besitzt kumquatähnliche Früchte.

Duft verströmt. Die tieforangefarbenen Früchte haben ein saftiges, weiches Fruchtfleisch.

- **'Daisy'** ist eine neue Sorte aus Florida, die in hoher Zahl großfruchtige mandarinenartige Früchte hervorbringt. Man verspricht sich sehr viel von ihr.
- **'Kucle'** entstammt einer Kreuzung aus *Fortunella margarita* und einer Clementine. Sie ist eine dekorative Kübelpflanze mit mittelgroßen bis kleinen sauren Früchten.

Calamondin

Noch vor einigen Dekaden war die Calamondin nahezu die einzige Orange für das Blumenfenster. Richtig ist diese Bezeichnung jedoch nicht, denn die Früchte zählen zu den Mandarinenartigen.

Citrus madurensis* 'Calamondin' (Syn.: × *Citrofortunella mitis, Citrus mitis, Citrus microcarpa)
Calamondinorange

Herkunft: Die 'Calamondin' stammt aus China und ist eine Kreuzung aus Sauermandarine (var. *austera)* und Kumquat.
Wuchs: Die Pflanze weist einen kompakten Wuchs auf und bekommt im Alter eine runde Krone mit herabhängenden Zweigen. Ihre Blätter sind klein und oval.
Früchte: Die Früchte sind intensiv orangefarben, klein und kugelig. Sie können sehr lange an der Pflanze bleiben, ohne unansehnlich zu werden. Allerdings werden sie später puffig.
Kulturhinweise: Die Pflanze verkraftet in der Regel warme und trockene Standorte und ist des-

Die 'Calamondin' ist die am meisten angebotene Zitruspflanze, robust und reich tragend.

Viele Früchte und grün-weißes Laub zieren die ‘Calamondin Variegata’. Die sauren Früchte werden verarbeitet.

halb häufig in Wohnräumen auf Fensterbänken anzutreffen. Wenn möglich, sollte auf veredelte Pflanzen zurückgegriffen werden.

Sonstiges: Die ‘Calamondin’ ist sicher die bekannteste und am häufigsten im Handel angebotene Zier-Zitruspflanze. Die Früchte sind von saurem Geschmack und zum Rohverzehr nicht geeignet. Zu Marmelade, Saft oder Kompott verarbeitet, werden sie jedoch wertvoll. In Südostasien wird sie deshalb auch kommerziell angebaut. ‘Variegata’ ist eine besondere Varietät der ‘Calamondin’. Ihr Laub sowie die unreifen Früchte sind grün und weiß panaschiert.

Pomeranzen, Grapefruits, Pampelmusen

Die Pomeranze, Sevilla- oder Bitterorange *(Citrus aurantium)* stammt aus Südostasien und wurde von den Arabern ins Mittelmeergebiet gebracht. Heute wird sie überwiegend um Sevilla in Spanien angebaut sowie in Italien, Marokko und Südamerika. Sie war eine der beliebtesten Zitruspflanzen in früheren Orangerien. Ihre vielen dekorativen, apfelgroßen, goldorange leuchtenden Früchte mit rauer Schale brachten ihr die Bezeichnung Goldapfel ein *(poma* = Apfel, *aurantium* = Gold). Bei uns sind die bittersauren Früchte wegen geringer Nachfrage nur selten im Handel zu finden. Aus ihren reifen Früchten wird allerdings die Sevilla-Marmelade hergestellt, in England die bekannte Bitterorangenmarmelade. Pomeranzen begegnet man in Zitrusanbauländern häufig als Straßenbäumen. Sie tragen ledrige, länglich ovale, wohlriechende Blätter mit herzförmig geflügelten Stielen an stark bedornten Zweigen. Der Baum entwickelt herrlich duftende weiße Blüten. Zudem stellt die Pomeranze eine vielerorts bewährte Veredlungsunterlage dar.

Die bei Reife leuchtend orangefarbenen Früchte der Bitterorange werden als Goldäpfel bezeichnet. Die Früchte einschließlich ihrer Schale sind vielseitig verwendbar.

Die etwas stärker wüchsige 'Bouquet de Fleurs' ist eine sehr blüten- und fruchtreiche Pomeranze.

Citrus aurantium 'Bouquet de Fleurs'

Herkunft: Diese Sorte wurde aus Pomeranzen selektiert; möglicherweise handelt es sich um eine Mutation.
Wuchs: 'Bouquet de Fleurs' ist starkwüchsig und unterscheidet sich von der Art durch seine verdrehten, mehr rundlichen Blätter mit sehr kurzen Internodien (Abstände zwischen den Blattknospen). Die Blüten wachsen, Blumensträußen ähnlich, an den unbedornten Trieben in kleinen Büscheln. Daher der Name der Selektion.
Früchte: Auch die Früchte wachsen in großer Zahl und büschelweise.
Kulturhinweise: Eine zur Kübelkultur ausgezeichnet geeignete Zitruspflanze. Wegen ihres starken Wuchses sollte sie nur dann auf Pomeranze veredelt werden, wenn ein hoher Überwinterungsraum zur Verfügung steht. Sonst bieten sich *Poncirus trifoliata* oder Citrangen an.
Sonstiges: Die Qualität der ätherischen Öle aus dieser Pflanze soll die der Art übertreffen.

Citrus aurantium 'Fasciata' Deutsche Landsknechthose

Herkunft: Es handelt sich um eine jahrhundertealte Sorte, die schon damals beschrieben wurde.
Wuchs: Der Baum erreicht Ausmaße wie die Art. Ein Teil der dunkelgrünen Blätter ist deutlich gelblich-weiß panaschiert.
Früchte: Die jungen Früchte sind gelb mit grünen, erhabenen Streifen, reife Früchte präsentieren sich tiefgelb mit leicht erhabenen, orangefarbenen, teils grünlichen Streifen.
Kulturhinweise: Wegen ihrer auffälligen mehrfarbigen Belaubung und der ungewöhnlichen Früchte wird die 'Deutsche Landsknechthose' möglicherweise bald zur begehrten Kübelpflanze. Vor wenigen Jahren in italienischen Gärten wiederentdeckt, ist sie zur Zeit aber noch sehr rar und wird nur von wenigen Liebhabern kultiviert.
Sonstiges: Die Maserung der Früchte erinnert an die im Mittelalter getragenen Landsknechthosen. Da sie zudem der Uniform der Schweizergarde verwandt wirkt, wird sie mancherorts auch 'Schweizer Orange' genannt.

'Fasciata', die gestreifte Pomeranze, ist bei Sammlern sehr beliebt.

Weitere interessante *Citrus-aurantium*-Sorten:

- Ähnlich der 'Fasciata' ist die ebenfalls historische Pomeranze **'Foetifera'**, die 'Töchterfrüchte tragende Pomeranze'. Typisch sind ihre zur Reife großen rötlich-orangen Früchte, in denen sich jeweils eine zweite, kleinere Frucht befindet.
- Eine höchst ungewöhnliche Fruchtform hat die höckerige **'Bizzaria'**: Ihre Frucht kann orange, gelb oder grün gefärbt sein, die Blätter sind manchmal gewölbt oder leicht gekräuselt.
- Besonderen Zierwert hat auch die Sorte **'Canaliculata'**. Sie wächst mittelstark, hat dunkelgrünes Laub und bildet orange, abgeflachte, gefurchte Früchte.
- Kennzeichnend für die Sorte **'Salicifolia'**, die 'Weidenblättrige Pomeranze', sind, wie ihr Name schon andeutet, die längeren, lanzettförmigen Blätter. Die Früchte sind arttypisch. Eine Mutation dieser Sorte wird 'Turcicum salicifolia', 'Türkische Weidenblättrige Pomeranze', genannt. Ihre Blätter zeigen die gleiche Form, sind aber panaschiert, die Früchte gestreift.
- **'Corniculata'** ist die 'Gehörnte Pomeranze': Ihre Frucht ist gekennzeichnet durch kleine aufgesetzte Hörner und eine teilweise leicht gefurchte Schale. Sie trägt viele orangefarbene Früchte.

Alte Zitruspflanzen haben ihren besonderen Reiz. 'Foetifera', die »Töchterfrüchte tragende Pomeranze« mit ihren vielen Früchten und dem grünen Laub, wirkt als Solitärpflanze sehr ansprechend.

Viele der genannten historischen Sorten sind interessante Kübelpflanzen. Einige davon kann man auf der Insel Mainau bewundern.

① 'Bizzaria', eine Rarität mit verschiedenen Fruchtformen.
② 'Canaliculata' zieren mittelgroße gefurchte Früchte.
③ Reichen Fruchtansatz trägt die 'Türkische Pomeranze'.
④ Die Früchte der 'Gehörnten Pomeranze' können kleine Hörnchen aufweisen.

Eine ansehnliche Kübelpflanze ist die Chinotto mit einer großen Anzahl von Früchten. Ihr zierendes myrtenähnliches dunkelgrünes Laub macht sie zudem sehr attraktiv.

Citrus bergamia
Bergamotte

Herkunft: Die Bergamotte ist vermutlich das Produkt der Elternpflanzen Pomeranze und Saure Limette, sie ist seit dem 16. Jahrhundert bekannt. Andere Autoren halten sie für eine Kreuzung zwischen Pomeranze und Zitrone, wieder andere für eine Varietät der Pomeranze *(Citrus aurantium* var. *bergamia)*.
Wuchs: Sie wächst mittelstark, breit und buschig. Die großen rundlichen Blätter sind zugespitzt, der Blattstiel ist schmal geflügelt.
Früchte: Die Pflanze blüht in den Frühjahrsmonaten. Die mittelgroßen, gelborangen, saftreichen Früchte haben gelbgrünliches Fruchtfleisch und schmecken sauer und bitter. Oft tragen die Früchte noch den Rest des Stempels.
Kulturhinweise: Die Bergamotte ist für die Kübelkultur zu empfehlen, weil sich nach der attraktiven Blüte viele Früchte entwickeln, die häufig in Büscheln stehen.
Sonstiges: Die Früchte, die nicht zum Frischverzehr geeignet sind, verströmen bei Berührung einen angenehmen Duft. Die reifen Fruchtschalen finden bei der Parfum- und Duftölherstellung Verwendung. Bergamottefrüchte werden im Handel kaum angeboten. Die Anbaugebiete liegen überwiegend in Italien.

Bergamotte-Früchte verströmen bei Berührung einen angenehmen Duft.

Citrus myrtifolia
(Syn.: *Citrus aurantium* var. *myrtifolia)*
Chinotto 'Hardas'

Herkunft: China.
Wuchs: Die schwach wachsende »Minipomeranze« wird auch als

eigene Art betrachtet. Ihre nur etwa 2 cm kleinen tiefgrünen myrtenähnlichen Blätter wachsen quirlig dicht an dicht an den Trieben mit extrem kurzen Internodien.

Früchte: Die Pflanze setzt viele intensiv duftende Blüten an und trägt reichlich kleinere, bei Reife orangefarbene Früchte mit saurem Geschmack und mitteldicker Schale.

Kulturhinweise: Chinottos sind beliebte und recht einfach zu kultivierende Kübelpflanzen. Sie zählen zu den sichersten Blühern und setzen regelmäßig viele Früchte an. Sie werden gerne auf Pomeranzenstämmchen veredelt, aber auch auf *Citrus volkameriana*. Auf *Poncirus trifoliata* wachsen sie nur langsam, gelegentlich werden sie auf eigener Wurzel als Stecklingspflanze angeboten. Ausgesäte Samen fallen zu etwa 75% sortenecht aus, aus den übrigen entsteht die Art.

Sonstiges: Ungewöhnlich ist die 'Variegata' mit gelb-grün panaschiertem Laub. Chinottos werden in Israel (dort heißen sie 'Hardas'), Italien und Algerien angebaut. Ihre noch grünen sowie die reifen Früchte werden zur Herstellung von Erfrischungsgetränken wie Chinotto und Likör verwendet. Grün geerntete Früchte werden in Meerwasser aufbewahrt. Aus ihrer Fruchtschale wird China- bzw. Chinottoöl gewonnen. Kleinere Früchte werden auch kandiert.

Einen angenehm süßlichen Duft verströmen die zahlreich erscheinenden Blüten des Chinotto-Baumes.

Citrus paradisi
Grapefruit

Die ersten Grapefruitbäume sollen im 17. Jahrhundert auf der Insel Barbados/Antillen und in Westindien entdeckt worden sein. Ob die Grapefruit eine Kreuzung aus Orange und Pampelmuse oder als Mutation aus der Pampelmuse hervorgegangen ist, ist ungeklärt. Grapefruitbäume tragen ovale, tiefgrüne, an den Blattspitzen abgerundete Blätter, deren Stiele deutlich geflügelt sind. Die großen, traubenförmig angeordneten weißen Blüten bringen eine Vielzahl von ebenso angeordneten Früchten hervor. Sie sind größer als Orangen, aber kleiner als Pampelmusen, zumeist kernlos und haben eine blassgelbe bis rötlich-orangegelbe dicke Schale. Die Färbung ist sorten-, temperatur- und witterungsabhängig. Die Vitamin-B- und -C-haltigen Früchte sind sehr saftreich und, bedingt durch das Glykosid Naringin, von leicht bitterherbem, süßsäuerlichem Geschmack.

Grapefruitbäume gibt es in rot- und gelbfleischigen Sorten. Die rotfleischigen sind milder und süßer.

Die rotfleischigen Früchte der Grapefruit sind saftig, vitaminreich und urgesund.

Citrus paradisi 'Duncan'

Herkunft: Die Sorte wurde 1892 in Florida benannt.
Wuchs: Es ist eine stark wachsende, dunkelgrün belaubte Pflanze mit deutlich geflügelten Blattstielen.
Früchte: Die gelben und großen Früchte haben eine verhältnismäßig dünne Schale, sehr viele Kerne, sind saftig, aromatisch und süßlich im Geschmack.
Kulturhinweise: Die Überwinterung kann bei 5 °C im Wintergarten oder Gewächshaus erfolgen.

Citrus paradisi 'Marsh Seedless'

Herkunft: Die Sorte ist entstanden aus einem Samen der Sorte 'Duncan' in Florida.
Wuchs: Sie besitzt vergleichbare Wuchseigenschaften wie 'Duncan'.
Früchte: Die gelbschaligen Früchte sind etwas kleiner als die von 'Duncan' und nahezu kernlos, sehr saftig und von mildem Aroma.
Kulturhinweise: Hochwertige Früchte benötigen zur Ausreife tropische oder subtropische Bedingungen, die Pflanzen gedeihen aber auch bei uns.
Sonstiges: 'Marsh' ist die beliebteste hellfruchtige Grapefruitsorte.

Citrus paradisi 'Ruby Red'

Herkunft: Sie ist aus einer Knospenmutation der Sorte 'Pink Marsh' 1926 in Texas hervorgegangen.
Wuchs: Wie 'Marsh Seedless'.
Früchte: Ihre großen Früchte haben nahezu kernloses rotes, süßes Fruchtfleisch.
Kulturhinweise: Wie 'Marsh Seedless'. Schon junge Pflanzen können bei wärmeren Temperaturen Früchte ansetzen.
Sonstiges: Tiefrotes und saftiges Fruchtfleisch bildet die ähnliche Sorte **'Star Ruby'**. Sie wächst schwach und buschig, ihre Früchte sind etwas kleiner.

'Sweetie'

Herkunft: Diese Kreuzung ist entstanden aus *Citrus maxima* × *Citrus paradisi.*
Wuchs: Vergleichbar mit *Citrus paradisi.*
Früchte: Die Früchte dieser Hybride sind gewöhnlich größer als die der Grapefruit und tragen eine glatte, meist grünliche Schale. Ihr Geschmack ist süß und aromatisch, ohne die für Grapefruits sonst typischen Bitterstoffe.
Kulturhinweise: Die Pflanze benötigt zur Ausbildung hochwertiger Früchte subtropisches Klima. Sie wächst aber auch bei uns problemlos als Kübelpflanze.
Sonstiges: 'Sweetie' heißen die aus Israel kommenden Früchte, sie ist auch unter dem Namen 'Oroblanco' bekannt.

Citrus maxima (Syn.: *Citrus grandis*) Pampelmuse

Herkunft: Die Heimat der Pampelmuse ist der Malaiische Archipel. Angebaut werden Pampelmusen in Gebieten mit subtropischem und tropischem Klima, wie Westindien, Asien und Amerika.
Wuchs: Ihre Blattstiele sind deutlich geflügelt, Blätter und

Citrus maxima 'Large Pink Pomelo' ist eine rosafarbene Sorte. Pomelofrüchte werden einzeln von Hand geerntet.

junge Triebe sind haarig, Zweige haben lange Dornen.

Früchte: Die großen Früchte haben eine blass grünlich-gelbe dicke Schale. Das Fruchtfleisch ist nicht besonders saftig. Einige Sorten haben einen süßen, kräftig aromatischen Geschmack.

Kulturhinweise: Werden ihnen ähnliche Wachstumsbedingungen in unseren Breiten durch Gewächshaus oder Wintergarten geboten, so sind sie auch hier als Kübelpflanzen kultivierbar.

Sonstiges: Die **Pomelos,** eine Kreuzung aus Grapefruit und Pampelmuse, haben die größten Früchte aller Zitruspflanzen und können in den Anbauländern einen Durchmesser von bis zu 30 cm und ein Gewicht von 1 bis 3 kg erreichen.

Ihre zart behaarten Blätter sind sehr groß, der Blattstiel stark geflügelt. Aus ihren großen Blüten entstehen birnenförmige, von anderen Sorten auch nahezu runde Früchte von süßem bis leicht säuerlichem Geschmack. In Israel werden die lange lagerfähigen Pomelos von November bis April einzeln von Hand geerntet. Ihre porige, grünlich-gelbe dicke Schale ist relativ einfach zu entfernen. In Kübeln kultiviert, bildet sie grapefruitgroße Früchte aus, die überwiegend aus Schale bestehen. Bei uns ist nur die Sorte 'Pomelo' aus Israel häufig im Handel zu finden, seltener die rotfruchtige Varietät.

In China werden Pomelo-Früchte schon grün geerntet. Entweder werden sie weiterverarbeitet oder aber sie kommen zum Frischverzehr auf den Markt.

Zitruspflanzen, ins rechte Licht gerückt, erfreuen sich bei uns immer größerer Beliebtheit. Die Freude auf selbst geerntete Zitronen ist besonders groß.

Zitronen

Die Heimat der Zitrone ist Westasien bis Südchina. Heute werden Zitronen freilich in der ganzen Welt in geeigneten Klimabereichen angebaut und ganzjährig beerntet. Länger am Baum verbleibende Früchte erleiden praktisch keinen Qualitätsverlust. Zitronen gelten als Obst und als Gewürz und sind Grundstoff vieler Produkte. Die sauren, saftreichen Früchte sind langoval bis eiförmig und tragen am Ende oft eine zitzenförmige Ausstülpung. Die Blattstiele sind zumeist nicht geflügelt. Von den über hundert Sorten können hier nur einige wichtige vorgestellt werden.

Citrus limon 'Lisbon'

Herkunft: Ursprung in Portugal, aus Samen entstanden.
Wuchs: Die Sorte wächst kräftig und aufrecht mit dichtem elliptischem Blattwerk an dornigen Zweigen.
Früchte: Sie sind mittelgroß, rundlich, schwer schälbar und mit einer Ausstülpung an der Spitze versehen. Das Fruchtfleisch ist extrem sauer, saftig und enthält nur wenige Kerne.
Kulturhinweise: Sie verträgt kühle wie auch warme Temperaturen und eignet sich hervorragend als dekorative Kübelpflanze.
Sonstiges: Weltweit eine wirtschaftlich sehr wichtige Sorte mit den Haupterntezeiten Winter und Frühjahr.

Citrus limon 'Lisbon' zählt wegen ihrer hohen Fruchtbarkeit mit zu den wichtigsten Zitronensorten.

Citrus limon 'Eureka'

Herkunft: Sie wurde 1858 aus sizilianischen Samenimporten in Kalifornien gezüchtet.
Wuchs: Die Sorte wächst mittelstark mit leicht offener Krone und ist wenig bedornt.
Früchte: Blüten und die Neuaustriebe sind lila getönt, die Früchte gelb, mittelgroß, oval bis länglich, sehr säurereich und saftig. Ihre Schale ist mitteldick bis dünn und schlecht ablösbar. Am Blütenansatz trägt sie einen kleinen, meist zur Seite gebogenen spitzen Nippel. Sie besitzt grünlich-gelbes Fruchtfleisch und hat wenige bis keine Kerne.
Kulturhinweise: Wie zuvor beschrieben.
Sonstiges: Ernteschwerpunkte sind Frühjahr, Sommer und Winter. Die Hauptanbaugebiete liegen in den USA.

Citrus limon 'Vier-Saison-Zitrone'

Herkunft: Sie stammt wahrscheinlich aus dem 19. Jahrhundert und ist in Italien auch unter 'Lunario' bekannt.
Wuchs: Die Sorte ist stark wachsend, die elliptischen breiten Blätter zeigen ein tiefes Grün.
Früchte: Ihre Früchte sind leuchtend gelb, dünnschalig, mittelgroß, meist mit ausgeprägtem Nacken am Stielende und zitzenförmiger Ausstülpung am Blütenansatz. Das Fruchtfleisch ist schwach sauer und hat kaum Kerne.
Kulturhinweise: Sie trägt zu allen vier Jahreszeiten Früchte und Blüten und ist damit als dekorative Solitärpflanze für die Kübelkultur besonders geeignet.

Citrus limon 'Primofiori'

Herkunft: Unbekannt.
Wuchs: Die Sorte wächst stark und kann über 50 Jahre alt werden.
Früchte: Die Früchte mit kurzem bis mittelgroßem Nippel sind kugelig bis oval, die Schale ist glatt und dünn. Bei Ernte kurz vor der Ausreife können sie leicht noch grün sein.
Kulturhinweise: Wie 'Lisbon';
Sonstiges: Die Sorte ist auch unter dem Namen 'Fino' bekannt.

Citrus meyeri (Syn.: *Citrus limon* 'Meyeri', 'Meyers-Lemon', 'Meyer-Zitrone')

Herkunft: Bei der 'Meyer-Zitrone' handelt es sich vermutlich um eine Kreuzung zwischen Zitrone und Orange, die von F. N. Meyer 1908 in die USA gebracht wurde.
Wuchs: Sie wächst auffällig gedrungen und kompakt.
Früchte: Die gelb-orangefarbenen rundlichen bis ovalen Früchte haben eine dünne, glatte Schale und einen unscheinbaren Nippel. Das sehr saftige Fruchtfleisch ist hell orangegelb, hat mehrere Kerne und ist deutlich weniger sauer als bei »echten« Zitronen.
Kulturhinweise: Die Pflanze blüht bereits nach einem oder zwei Jahren. Aufgrund ihrer Wuchseigenschaften und des ganzjährigen Fruchtansatzes ist sie sehr attraktiv und bestens zur Kübelkultur geeignet. Die

Die Vier-Saison-Zitrone *Citrus limon* 'Lunario' versorgt uns das ganze Jahr über mit Zitronen.

Die 'Meyer-Zitrone', erkennbar an ihren leuchtend orangegelben Früchten, stammt aus China. Sie wächst gedrungener als gewöhnliche Zitronen und eignet sich gut zur Anzucht als Spalier.

'Meyer-Zitrone' wird als Zierpflanze häufig aus Stecklingen vermehrt. Sie verträgt Temperaturschwankungen.

Weitere Zitronensorten

- **'Villafranca'** wurde 1875 von Sizilien nach Florida eingeführt. Größere Bedeutung im Anbau hat sie noch in Israel.
- Besonders attraktive Früchte macht **'Peretta'.** Sie sind blassgelb, länglich und haben die Form einer Birne. Die Blätter dieser Sorte sind leicht gezähnt.
- Eine der frühesten Zitronen ist **'Interdonato'.** Sie trägt lange Früchte mit einem gebogenen Nippel.
- Grüne **'Verdelli'** werden von Juni bis September geerntet. Die Früchte entstehen nach Trockenhalten der Bäume.
- Ovale bis kugelige, gefurchte beziehungsweise wulstige hellgelbe Früchte bildet die 'Streifige Zitrone', *Citrus limon* **'Candiculatum',** eine ausgefallene Zierpflanze.
- Auffällige Früchte mit einer sehr spitzen Ausstülpung hat *Citrus limon* **'Castello',** eine historische Sorte.
- Ungewöhnlich sind auch die alten Zitronenhybriden ***Citrus limonimedica*** 'Paradisi' und 'Rugoso' sowie die birnenförmigen Früchte von ***Citrus pyriformis.***

① 'Interdonato' wird hauptsächlich in der Türkei angebaut.
② 'Castello' besitzt ungewöhnliche Früchte.
③ *C. limonimedica* 'Rugoso', eine Kreuzung aus Zitrone und Zedratzitrone.

Limetten

Limetten stammen aus dem Süden Asiens und bevorzugen subtropisches und tropisches Klima. Limettenbäume tragen eiförmige, dünnschalige Früchte, die unreif geerntet werden, sehr saftreich sind und eine glatte Schale haben. Ihr frischer Saft wird in Cocktails, zum Einlegen und für Curry- und Fischgerichte verwendet. Am bekanntesten ist wohl die Verwendung von konzentriertem Limettenfruchtsaft für alkoholische Getränke wie Caipirinha. Das Fruchtfleisch der sauren Limette ist blassgrün und schmeckt aromatisch säuerlich. Aus ihrer Schale wird Limettenöl gewonnen. Die Essenz aus der Limette *(C. aurantifolia)* ist übrigens ein wichtiger Bestandteil der Cola-Rezeptur.

Citrus aurantifolia
Saure Limette, Mexikanische Limette

Herkunft: Wahrscheinlich Südwest-Asien.
Wuchs: Sie wächst mittelstark und buschig, ihre Triebe tragen viele kleine Dornen. Die Blätter sind klein, die Blattstiele leicht geflügelt.
Früchte: Die kleinen, sehr dünnschaligen, grüngelben, rundlichen Früchte haben einen kleinen Nippel und auf der Stängelseite einen leichten Nacken. Das grüngelbe Fruchtfleisch enthält reichlich Kerne, ist saftig, sauer und sehr aromatisch.
Kulturhinweise: Sie benötigt zum guten Gedeihen viel Wärme. Die Überwinterung sollte bei 12–15 °C Luft- und Bodentemperatur erfolgen, dann wird sie auch hier reich tragen.
Sonstiges: Saure Limetten besitzen eine Vielzahl verschiedener Namen wie Westindische Limette, Swingle Limette oder 'Key Lime'. Sie werden unter anderem in Florida, Mexiko, Brasilien und Indien angebaut.

Links: Limettenfrüchte werden jetzt häufiger angeboten, sind vielseitig verwendbar und haben ein typisches Aroma.

Die »Zitrone der Tropen« ist längst schon kein Geheimtipp mehr. Limetten gehören einfach dazu wie hier im Caipirinha.

Citrus latifolia
Persische Limette

Herkunft: Orient.
Wuchs: Die buschig wachsende Pflanze trägt mittelgroße, tiefgrüne Blätter und ist nahezu dornenlos.
Früchte: Die sehr dünnschaligen, grünen Früchte haben die Größe kleinerer Zitronen. Sie sind kernlos, saftig, sauer und weisen den charakteristischen Limettengeschmack auf.
Kulturhinweise: Die Pflanze ist weniger kälteempfindlich als die Mexikanische Limette. Sie trägt auch bei uns gut.
Sonstiges: Sie ist auch unter den Namen 'Tahiti Lime' und 'Bears Lime' bekannt.

Die gelben Früchte der Süßen Limette sind hier gelegentlich erhältlich. Sie haben Apfelsinengröße, ihr Saft schmeckt wie leicht gesüßter verdünnter Zitronensaft.

Citrus limettioides
Süße Palästinensische Limette

Herkunft: Indien.
Wuchs: Der Wuchs ist mittelstark bis stark, die bedornten Zweige wachsen unregelmäßig, die Blätter sind mittelgroß und gewölbt.
Früchte: Die rundlichen, mittelgroßen gelben, bei voller Reife zuweilen orangegelben Früchte haben einen kleinen Nippel. Sie sind recht dünnschalig, saftig und besitzen einen eher zitronenartigen, süßlichen Geschmack.
Kulturhinweise: Sie setzen auch bei uns Früchte an. Wegen ihres sparrigen Wuchses können gelegentlich Schnittmaßnahmen erforderlich werden.
Sonstiges: In Israel dient sie als Unterlage für die 'Shamouti-Orange'.

Citrus limetta
Römische Limette

Herkunft: Unbekannt.
Wuchs: Sie bildet eine runde, zum Teil ausladende Krone bei mittelstarkem Wuchs. Die Blätter sind oval-elliptisch.
Früchte: Die Pflanze blüht ausdauernd mit angenehmem Duft. Die mittelgroßen, runden, gelben Früchte haben eine relativ dünne Schale. Sie sind an den Enden leicht abgeflacht und bilden einen aus einer kleinen Versenkung hervorkommenden spitz zulaufenden Nippel. Das grün-gelbliche Fruchtfleisch ist saftig, süß bis süßsäuerlich und sehr aromatisch.
Kulturhinweise: Sie können wie Zitronen kultiviert werden. Als Kübelpflanze wegen der lang anhaltenden Blüten und des Fruchtbehangs interessant.

Zedrate, Zitronatzitronen

Zedratfrüchte werden auch Judenapfel oder Medischer Apfel genannt. Ihre Heimat liegt in Vorderindien, Südarabien und Südostasien (siehe auch Seite 9). Heute werden Zitronatzitronen im Mittelmeergebiet angebaut, wobei Italien eine führende Rolle spielt. Zitronatzitronen sind wertvoll wegen ihrer dicken, duftenden Schalen. Kandiert werden sie für Back- und Süßwaren genutzt. Die Früchte haben wenig Fruchtfleisch. Sie erreichen ein Gewicht

'Buddhas-Hand-Zitronen' werden wegen ihrer monströsen Früchte gerne als Kübelpflanzen gehalten.

Die 'Gefingerte Zitronat-Zitrone' ist eine Varietät der Zedratzitrone. Die einzelnen Segmente sehen aus wie Finger.

von etwa 2 kg. Die runzlige, warzige Schale macht bis zu 70% der Frucht aus. Sie sind süßer als Zitronen. Da ihr Geruch an Zedernholz erinnert, erhielten sie die Bezeichnung Zedratzitrone oder Zedrate.

Citrus medica var. *sarcodactylis* 'Buddhas-Hand-Zitrone'

Herkunft: China/Indochina.
Wuchs: Die Art ist schwach aufrecht wachsend. Die mittelgroßen bis langen Blätter sind teilweise gewellt mit abgerundeter Spitze und sitzen an leicht dornigen Zweigen.
Früchte: Die Früchte sind mittelgroß bis groß und leuchtend gelb. Da die einzelnen Segmente getrennt wachsen, sieht die Frucht wie eine mehrfingrige hängende Hand aus. Die Frucht duftet sehr aromatisch.
Kulturhinweise: Sie bevorzugen warme Temperaturen und sollten hell bei 15–18 °C Luft- und Bodentemperatur überwintert werden. Die Früchte machen sie zu einer sehr dekorativen Kübelpflanze. Es empfiehlt sich, reife Früchte rechtzeitig zu ernten, um Schimmelbefall zu vermeiden.
Sonstiges: In China und Japan werden die Früchte schon seit Jahrhunderten als Duftspender für Räume und für religiöse Zeremonien verwandt. Syn. 'Gefingerte Zitronat-Zitrone'.

Citrus medica 'Diamante'

Herkunft: Kalabrien/Italien.
Wuchs: Die Pflanze ist bedornt und mittelstark wachsend und trägt längliche und zugespitzte Blätter.
Früchte: Die Blütenknospen sind von rötlich-violetter Farbe. Die länglich-ovalen gelben Früchte erreichen eine erhebliche Größe. Die Schale ist sehr dick, glatt und leicht gefurcht. Das Fruchtfleisch ist trocken, die Schale sehr aromatisch.
Kulturhinweise: In mediterranen Gegenden ist sie eine beliebte Gartenpflanze. Bei warmer Überwinterung kann sie auch in unseren Breiten gehalten werden.
Sonstiges: Aus der Schale wird Zitronat hergestellt. In Süditalien wird sie häufig angebaut.

Weitere Zedrate-Sorten

- *Citrus medica* **'Bajoura'** trägt dekorative mittelgroße bis große, sehr warzige gelbe Früchte mit trockenem Fruchtfleisch und aromatischer Schale. Sie hat keine oder nur wenige Kerne.
- Die Blüten von *Citrus medica* **'Etrog'** sind innen weiß und auf der Außenseite violett angehaucht. Sie bildet mittelgroße, längliche, spitz zulaufende, gelbe, saure Früchte. Das Fruchtfleisch ist trocken, die Schale sehr aromatisch.

Die Früchte der Zedratzitrone 'Bajoura' können ausgereift eine beachtliche Größe erreichen.

Kumquats, die kleinen Goldorangen, werden roh mit der Schale verzehrt. Kumquat-Bäume gehören zu den attraktivsten Zitruspflanzen.

Kumquats

Die Heimat der Kumquats, auch Zwerg- oder Goldorangen genannt, ist China. Nach Europa gelangten sie 1846 durch den englischen Botaniker Robert Fortune. Kumquatbäumchen werden häufig im Handel angeboten, da sie mit ihrem reichlichen Fruchtbehang einen dekorativen Blickfang darstellen. Die säuerlichen, aber süßschaligen Früchte werden mit der Schale verzehrt. Kumquats werden auch kandiert oder in Sirup eingelegt gehandelt.

Fortunella margarita
Oval-Kumquat

Herkunft: China.
Wuchs: Kumquats wachsen schwach und kompakt. Sie haben kleine, dunkelgrüne, ledrige Blätter.
Früchte: Ihre gut dattelgroßen Früchte sind oval, leuchtend orangefarben und von süßsäuerlichem Geschmack.
Kulturhinweise: Wegen des langen Verbleibens der Früchte an den Ästen und ihrer Kälteresistenz ist diese Pflanze besonders zur Kübelkultur geeignet. Ausgesprochen attraktiv wirken auf *Citrus volkameriana* oder *Citrus aurantium* veredelte Stammformen.

Fortunella japonica
Marumi- oder Rund-Kumquat

Herkunft: China.
Wuchs: Diese Art wächst wenig schwächer als *F. margarita*, und trägt ledrige dunkelgrüne Blätter, die kleiner sind als die der Oval-Kumquat.
Früchte: Die runden, selten leicht ovalen Früchte sind gelborange und von besonders süßem Geschmack.

Eine Vielzahl an Früchten schmückt die zitrusverwandte Kumquat *'Fortunella margarita'*.

Die Hongkong-Kumquat zieren viele kleine hell- bis kräftigorangefarbene »Mini-Kumquats«.

Kulturhinweise: Sie kommt auch mit höheren Temperaturen gut zurecht. Die Überwinterung kann bei 5 °C erfolgen.

Fortunella hindsii
Hongkong-Kumquat

Herkunft: China.
Wuchs: Auch diese Kumquatart ist schwachwüchsig, doch ihre Triebe sind stark dornenbewehrt. Die Blätter sind klein, schmal und blattoberseits intensiv grün.
Früchte: Die rot-orangefarbenen, erbsen- bis kirschgroßen Früchte sind roh nicht essbar. Hongkong-Kumquats sind die kleinsten Zitrusfrüchte.
Kulturhinweise: Aufgrund ihrer Schwachwüchsigkeit und ihrer guten Schnittverträglichkeit sind sie für die Bonsaikultur geeignet. Schon einjährige Veredlungen auf *Poncirus trifoliata* können bei einer Höhe von 10 cm blühen und Früchte ansetzen.

Dreiblättrige Orange

Sie ist zwar winterhart, doch sollte sie nach dem Auspflanzen in den ersten Jahren bei sehr starken Frösten geschützt werden. Bei Kübelkultur wird ihr auch im Winter ein leichter Frostschutz gegeben.

Poncirus trifoliata
Dreiblättrige Orange

Herkunft: Zentralasien.
Wuchs: Ponciruspflanzen sind stark mit Dornen bewehrt. Die Pflanze bildet im Frühjahr einfache wenig duftende weiße Blüten und kräftig grünes Laub. Zum Herbst verwandelt es seine Farbe in ein leuchtendes Goldgelb, bevor es abfällt. Aber auch danach erfreut uns die Pflanze beim Anblick weiterhin mit ihrer bizarren, attraktiven Wuchsform.
Früchte: *Poncirus* kann bis zu mandarinengroße Früchte bilden, die anfänglich eine hübsche samtige grüne Oberfläche aufweisen. Zur Reife Anfang Oktober schlägt die Farbe dann in ein leuchtendes Goldgelb um. Um den Früchten die Samen zu entnehmen, sollten dünne Haushaltsgummihandschuhe getragen werden. Da die Samen von Harz umgeben sind, ist das Ganze eine sehr klebrige Angelegenheit. Ohne Handschuhe kann es Tage dauern, bis die Hände vom klebrigen Harz befreit sind.
Kulturhinweise: Die Dreiblättrige Orange *Poncirus* wächst gut in einem humosen, durchlässigen Boden. Ist er zu nass, muss zuvor eine Drainageschicht eingearbeitet werden, damit ausreichender Wasserablauf gewährleistet ist. Der pH-Wert sollte bei 5,5–6,0 liegen. Die Pflanze ist schwachwüchsig und wird durch Samen vermehrt.

Die anmutenden hübschen Blüten der Dreiblättrigen Orange verströmen einen leichten Duft.

Bei Reife sind die Früchte der Dreiblättrigen Orange goldgelb.

Die Dreiblättrige Orange braucht nicht zurückgeschnitten zu werden. Lediglich störende Triebe werden im Winter entfernt. Wer will, kann auch eine dicht gepflanzte *Poncirus*-Hecke pflanzen, die nach einigen Jahren mit ihrer kräftigen Bedornung ziemlich sicher vor unliebsamen Eindringlingen schützt.

Sonstiges: Interessant wächst die schwächer wüchsige Varietät **'Flying Dragon',** *Poncirus trifoliata* var. *monstrosus.* Durch ihren verdrehten Wuchs und die nach unten gebogenen Dornen wirkt sie besonders bizarr. Die Dreiblättrige Orange wird kommerziell als Veredlungsunterlage angezogen.

Ähnlich der beschriebenen Art sind die **Dreiblättrigen Citrangen.** Allerdings verlieren sie im Winter gewöhnlich nicht ihr Laub.

Sonstige Zitrusfrüchte

- **Tangelos** sind vermutlich eine Kreuzung aus Tangerine, Grapefruit und Orange. Eine der bekanntesten Sorten ist **'Ugli',** die auf Jamaika entdeckt wurde. Uglis besitzen eine lose gefurchte Schale. Ihr Name kommt aus dem Englischen und bedeutet so viel wie hässlich, sie sind es aber nicht. Und hinter der leicht abschälbaren Schale verbirgt sich zudem das Fruchtfleisch einer der besten und saftigsten Zitrussorten.
- Die gleichen Eltern hat die immer beliebter werdende, sehr saftige **'Minneola',** die durch ihren deutlichen Nacken unverwechselbar ist.
- Eine Hybride aus der Grapefruit 'Imperial' und der 'Willowleaf-Mandarin' ist die **Tangelo 'Allspice'.** Mit ihren dünnschaligen, mittelkleinen Früchten verdient sie wegen ihres besonderen Aromas und würzigen Duftes Beachtung.
- Die **'Orlando-Tangelo'** ist eine Kreuzung aus 'Dancy' und der Grapefruit 'Duncan'. Die leicht abgeflachte, mittelgroße runde Frucht ist frühreifend. In Jamaika wird sie unter dem Namen 'Lake' angebaut.
- Die **'Webber-Tangelo'** hat die gleichen Kreuzungseltern wie 'Orlando'. Die flachen, dünnhäutigen orangefarbenen Früchte sind von guter Qualität.
- ***Citrus volkameriana*** ist wahrscheinlich ein Kreuzungsprodukt aus Zitrone und Bitterorange. Benannt wurde sie zu Ehren des Nürnberger Pflanzenzüchters J. C. Volkamer. Die stark wachsende zitronenartige Zitruspflanze findet häufig als Veredlungsunterlage Verwendung.
- ***Citrus hystrix***, die aus Südasien stammende **Mauritius-Papeda** oder **'Kaffir-Lime',** besitzt tiefgrüne Blätter, die ebenso lang und breit sind wie die geflügelten Blattstiele. Die

Die Ichang-Papeda ist sehr kälteresistent und hat stark bedornte Zweige. Sie trägt flache gelbgrüne Früchte.

'Ugli'-Früchte werden als Geheimtipp gehandelt. Hinter ihrer zerfurchten Schale verbirgt sich ein süßes, saftiges Geheimnis.

kleinen grünen, kugelförmigen Früchte mit runzliger Schale werden in Asien gegen Ungeziefer zwischen die Wäsche gelegt, die Blätter finden in der Küche als Gewürz Verwendung. Fein gehackt sind sie eine beliebte Zutat für Zitronen- und Limonensoßen, Reisgerichte und Dressings.

- Die **Ichang-Papeda, *Citrus ichangensis,*** ist eine sehr kältetolerante Zitrusart. Wegen dieser Eigenschaft spielt sie in der Züchtung eine wichtige Rolle. Sie wächst buschig, ist bedornt und bildet stark geflügelte Blattstiele aus. Die Früchte sind gelblich-grün, klein und wie die der Mauritius-Papeda nicht genießbar.
- **Citrangequat** entstand aus einer Kreuzung zwischen einer *Fortunella*-Art mit Citrange. Sie besitzt die Kältetoleranz ihrer Kreuzungseltern. Der Wuchs ist mittel- bis kräftig, die Blattstiele sind leicht geflügelt. Je nach Sorte variieren Größe und Färbung der säuerlichen Früchte, von klein bis mittelklein und tief rötlich-orange bis gelblich-orange.
- **Limequat** ist eine Hybride aus Mexikanischer Limette und Rund-Kumquat. Die Pflanze wächst schwach, aber sehr sparrig. Die kumquatgroßen gelben Früchte sind dünnschalig, saftreich und sauer. Sie können als »Mini-Zitronen« dienen. Limequats sind schöne Kübelpflanzen. Bekannte Sorten sind 'Eustis' und 'Lakeland'.
- **Lipo** ist vermutlich eine Hybride aus *Citrus limon* und *Citrus paradisi.* Die großen gelben, zitronensauren Früchte erinnern an die Pomelo. Die sehr dekorative Pflanze, die auch durch Stecklinge vermehrt wird, eignet sich bestens zur Kübelkultur.
- Die **Rusk Citrange**, eine Hybride aus *Poncirus trifoliata* × *Citrus sinensis*, wächst buschartig und trägt Dornen. Ihre Blätter sind überwiegend dreigeteilt. Sie verträgt Temperaturen bis zu −15 °C und kann an geeigneter Stelle ins Freiland ausgepflanzt werden. Ihre sauren, tennisballgroßen Früchte können mit anderem Saft zu einem Getränk verarbeitet werden.
- Die **Runde Australische Limette**, *Microcitrus australis*, stammt aus Australien, wächst buschförmig und hat kleine, ovale und ledrige Blätter. Ihre etwa golfballgroßen gelb-grünlichen sauren Früchte schützt eine raue Schale.
- *Microcitrus australasica,* die **'Australian Finger Lime'**, trägt gelbgrüne Früchte, die an kleine Gurken erinnern. Wegen ihrer vielen Vorzüge wird sie auch als Veredlungsunterlage genutzt. Beide letztgenannte Arten vertragen trockene Luft und warme Temperaturen, sie sind deshalb auch als Zimmerpflanzen geeignet.
- Besonders attraktive Früchte bildet *Citrus lumia*, die **Birnenförmige Zitrone**. Ihre »Birnenfrüchte« sind gelb gefärbt und dickschalig.
- Die Sorte 'Pomum Adami', der **Adamsapfel**, ist oft rauschalig und sauer.

Zitruspflanzen richtig pflegen und vermehren

Weil Zitruspflanzen bei uns nicht zu den pflegeleichtesten Gewächsen zählen, ist optimale Kultur wichtig. Werden der Pflanze alle Voraussetzungen zu einem guten Gedeihen geboten, wird sie aber auch in unserem Klimabereich zu einer ansehnlichen Zier- und Nutzpflanze heranwachsen.

Zitruspflanzen werden bei uns überwiegend in Kübeln gehalten und sind daher völlig auf den Inhalt des Pflanzgefäßes angewiesen. Nur das Pflanzsubstrat, das wir in den Kübel geben, und nur die Nährstoffe, die wir der Pflanze verabreichen, stehen ihr zusätzlich zur Verfügung. Sie kann nicht, wie in den Ländern, die auf Grund ihres Klimas eine Freilandkultur erlauben, mit ihren Wurzeln notwendige Feuchtigkeit und Nährstoffe über den Boden aufnehmen. Die Pflanze ist uns Menschen also vollkommen ausgeliefert. Eine Ausnahme bildet nur die Kultur von frei ausgepflanzten Exemplaren unter Glas oder Folie.

◀ Beim Umtopfen ist darauf zu achten, dass der Ballen nicht beschädigt wird und auseinander fällt.

Standort und Standortbedingungen

Pflanzkübel sind mehr oder weniger einfach transportabel und können jederzeit an einem optimalen Ort aufgestellt werden. In Gegenden mit milderem Klima können die Pflanzen nach der Winterruhe oft schon im April ins Freie, müssen aber bei niedrigen Nachttemperaturen oder bei noch möglichen Bodenfrösten abends wieder hereingeholt oder ausreichend abgedeckt werden. Hierfür sind zum Beispiel spezielle leichte Vliese geeignet, die man einfach über die ganze Pflanze legt. Zum Schutz vor Verwehungen wird das Vliesmaterial mit Steinen am Boden fixiert. So überstehen Zitruspflanzen zumeist schadlos leichte Minusgrade. Nicht angewendet werden kann dieses Verfahren bei starkem Wind oder Sturm. Ab Mitte Mai, nach den Eisheiligen, können Zitruspflanzen gewöhnlich problemlos im Freien bleiben. Lediglich Limetten, die

▶ Umgeben von duftenden, fruchtbehangenen Zitruspflanzen, kann man auch zu Hause auf der Terrasse Mittelmeer-Flair genießen.

Zitruspflanzen bevorzugen im Sommer einen windgeschützten sonnigen Platz. Im Farbenspiel mit blauen Keramiktöpfen kommen die leuchtenden Früchte voll zur Geltung.

wärmebedürftiger sind, dürfen problemlos erst bei höheren Temperaturen hinaus. Möglich ist auch eine ganzjährige Unterglaskultur.

Am besten gefällt es Zitruspflanzen an windgeschützten sonnigen Plätzen. Kommen sie aus dem Winterquartier, müssen sie langsam an ihre neue Umgebung gewöhnt werden. Zu starke Sonneneinstrahlung ist zu vermeiden, da sonst die Blätter verbrennen können. Aber auch sehr schattige Plätze sind nicht zu empfehlen. Bei Gewitter, Sturm, Hagel oder sehr starkem Regen sollten die Pflanzen geschützt untergestellt werden. Besonders geeignete Standorte sind Terrassen, Balkone, Vorplätze, Veranden und Atrien.

Geeignete Gefäße

Obstgehölze werden schon seit Hunderten von Jahren in Töpfen oder Kübeln kultiviert. Zitruspflanzen lassen sich in unseren Breitengraden fast ausschließlich auf diese Weise halten. Die Frage nach geeigneten Pflanzgefäßen ist folglich zentral. Natürlich bleibt die Auswahl der Töpfe dem Pflanzenliebhaber überlassen. Es gibt viele unterschiedliche Materialien, Formen und Farben, die alle Vor- und Nachteile haben – und letztendlich ist es auch immer eine Preisfrage. So kann es durchaus vorkommen, dass das Pflanzgefäß teurer kommt als die später darin stehende Pflanze.

Kunststofftöpfe

In Baumschulen und Gartencentern werden Zitruspflanzen überwiegend in Kunststofftöpfen angeboten. Ihr Vorteil liegt vor allem im geringen Gewicht, was sich spätestens beim jährlichen Aus- und Einräumen bemerkbar macht. Zudem bleiben die Ballen von in Kunststofftöpfen gehaltenen Pflanzen länger feucht. Bei starker Sonneneinstrahlung werden schwarze Töpfe jedoch kräftiger aufgeheizt, was zu Wurzelschäden führen kann.

Außerdem ist darauf zu achten, dass in Kunststoffkübeln kultivierte Zitruspflanzen vor Wind und Sturm geschützt stehen. Sie können in diesen Gefäßen nämlich leicht umstürzen und durch abknickende Äste oder abfallende Früchte Schaden nehmen. Eine probate Methode besteht darin, die Pflanzen mitsamt dem Kunststofftopf an einem geeigneten Platz im Garten einzugraben. Bedenken Sie auch, dass gerade harte Kunststofftöpfe bei praller Sonneneinwirkung spröde und bald brüchig werden können.
Wem die einfachen schwarzen oder rotbraunen Kunststofftöpfe nicht zusagen, der findet im Fachhandel inzwischen auch eine große Auswahl an dekorativ gemusterten terrakottaähnlichen frostharten Kunststoffgefäßen.

Holzkübel

Holzkübel wirken besonders robust und ansehnlich. Allerdings sollten sie vor dem Bepflanzen innerseits mit einem pflanzenverträglichen Schutzlack behandelt oder mit einer Kunststofffolie ausgekleidet werden. Öffnungen für Abzugslöcher dürfen nicht vergessen werden. Zur Direktbepflanzung empfehlen sich unbehandelte Holzkübel. Druckimprägnierte kommen nur in Frage, wenn sie keine pflanzenschädliche Substanzen enthalten und abgeben. Verschiedene Holzarten können wegen des feuchten Pflanzsubstrats nach einiger Zeit Schäden zeigen und schließlich verrotten. Werden Zitruspflanzen in Kübeln aus Eichenholz kultiviert, sollten diese zur Erhöhung der Haltbarkeit zuvor von innen ausgebrannt werden.
Ein praktischer Mittelweg besteht darin, in Kunststofftöpfen gehaltene Zitruspflanzen in einen als Übertopf dienenden Holzkübel zu stellen. Aber bitte auch hier auf Wasserabzugslöcher im Boden der Gefäße achten, denn Staunässe kann Zitruspflanzen schnell vernichten.

Gebrauchte Pflanzkübel sollten vor weiterer Verwendung gründlichst gereinigt werden. Neue Terrakottatöpfe und unglasierte Gefäße werden vor dem Bepflanzen gewässert, damit pflanzenschädliche Substanzen wie bestimmte Salze ausgewaschen werden.

Original »Versailler Kübel« aus Eichenholz werden in Weiß, Grün oder naturbelassen angeboten. Sie wurden im 17. Jahrhundert speziell für Pomeranzenbäume entworfen.

Durch Feuchtigkeit können sich, besonders an den Topfwänden von Tongefäßen weiße Kalkränder bilden. Dieser »Tonschimmel« kann mit Essigwasser und einer harten Bürste entfernt werden.

In den herrschaftlichen Orangerien früherer Jahrhunderte wurden Zitruspflanzen in praktischen quadratischen Holzkübeln gehalten, den so genannten Versailles-Kübeln. Diese besaßen abbaubare Seitenwände, sodass nach entsprechender Zeit selbst ein Erdaustausch durchgeführt werden konnte, ohne die Pflanze dem Gefäß zu entnehmen. Solche Kübel werden auch noch heute nach altem Vorbild hergestellt. Sie sind allerdings oft um ein Vielfaches teurer als die Pflanzen, die sie später beherbergen.

Tontöpfe

Tontöpfe gehören zu den standfestesten Gefäßen. Sie sind freilich schwer und haben keine Griffe zum Transportieren, was sich beim Umstellen oder Einräumen ins Winterquartier besonders bei älteren Pflanzen in größeren Töpfen bemerkbar macht.

Terrakottagefäße gehören zu den beliebtesten Pflanzgefäßen für Zitruspflanzen und andere Exoten, vermitteln sie doch das Flair des Südens. Erhältlich sind handgearbeitete und maschinell gefertigte Ton- oder Terrakottakübel, frostharte sowie nicht oder bedingt frostharte Ware. Sehr dekorativ und wenig frostempfindlich sind Töpfe aus echtem **Impruneta-Terrakotta.**

Vorsicht ist beim Transport geboten, da die Gefäße leicht anschlagen. Tontöpfe sind atmungsaktiver als Kunststoffgefäße, wegen der auftretenden Verdunstungskälte liegt die Ballentemperatur jedoch unter der der in Kunststofftöpfen kultivierten Pflanzen. Im Winterquartier kann sich das negativ auswirken.

Zum Bepflanzen oder als Übertöpfe eignen sich auch entsprechende **Gefäße aus anderen Materialien,** wie zum Beispiel lasierte Keramiktöpfe, Kunst- oder Natursteingefäße. Auch Metallgefäße kommen in Frage. Diese sollten zur Direktbepflanzung aber von innen mit Kunststoff beschichtet, verchromt oder emailliert sein.

Terrakottagefäße gibt es in verschiedenen Formen und unterschiedlicher Qualität. Letztendlich entscheiden der Geschmack und der Geldbeutel.

Die richtige Erde

Die Zusammensetzung der Erde für Zitruspflanzen, die in Kübeln kultiviert werden, muss verschiedenen Anforderungen gerecht werden. Zwar ist der wichtigste Aspekt, der Pflanze die notwendigen Nährstoffe jederzeit zur Verfügung zu stellen. Die Erde muss aber auch locker und durchlässig sein, um ein Zuviel an Wasser ableiten zu können und damit Luft an die Wurzeln gelangen kann. Und sie darf nicht zum Verschlämmen neigen. Gut geeignet sind strukturstabile Substrate, die auch nach einiger Zeit nicht durch Verrottung einzelner Bestandteile in sich zusammensacken und dadurch zur Verdichtung führen. Verschiedene Hersteller bieten spezielle Kübel- und Zitruspflanzenerden an, die als Kultursubstrat für Zitrusgewächse geeignet sind. Da Zitruspflanzen gewöhnlich durch Veredlung vermehrt werden und die Nährstoffversorgung der Pflanze über die Unterlage erfolgt, muss der Boden den Bedürfnissen des Wurzelstocks entsprechen. Die meisten bei uns zur Kübelkultur erhältlichen Zitruspflanzen werden auf *Poncirus trifoliata* veredelt, die zum guten Gedeihen einen leicht sauren bis sauren Boden mit einem pH-Wert um 5,5–6 benötigt. Daher sind Zitruserden etwa auf diesen Wert eingestellt. Edelsorten auf anderen, in den Anbauländern gängigen Unterlagen wie Citrange, Citrumelo, Rough Lemon *(Citrus jambhiri)*, 'Cleopatra'-Mandarine oder Pomeranze gedeihen auch gut in Erden mit einem pH-Wert um 6,5. Leider lässt sich von den bei uns gekauften Zitruspflanzen zumeist nicht der Name der Unterlage erfahren, denn nur in Ausnahmefällen tragen die Pflanzen ein Original-Etikett.

Zitruserde selbst gemischt

Für Gartenbesitzer, die sich ihre Zitruserde selbst herstellen möchten, hier ein Rezept aus der Praxis:

- 1/3 nicht zu feiner Quarzsand
- 1/3 Humus aus Rindenmulch
- 1/3 gute Gartenerde (Muttererde)

Der Sand sorgt für die Durchlässigkeit des Substrats, der Humus aus Rindenmulch und die Gartenerde für den Nährstoffgehalt und den sauren Substratcharakter. Auch wenn einzelne Komponenten leicht variiert werden, haben sich gute Ergebnisse eingestellt.

Es gibt viele Rezepte zur optimalen Zitruskultur. Manche Gärtner hüten sie sogar als Geheimnis, andere geben sie bereitwillig preis. Letztendlich misst sich die Qualität der Erde natürlich am Kulturerfolg. Erfolgt die **Pflanzung direkt in den Erdboden,** zum Beispiel in einem entsprechend gebauten Wintergarten, sollte das Pflanzloch mindestens den doppelten Durchmesser und die doppelte Tiefe aufweisen wie der Wurzelballen. Später wird die Erde wieder locker eingefüllt, erforderlichenfalls angereichert mit Rindenhumus oder Zitruspflanzen-

Ältere Exemplare von *Poncirus trifoliata*, der Dreiblättrigen Orange, können frei ausgepflanzt bis zu –25 °C überstehen.

erde. Sofern der Boden überschüssiges Wasser nicht sicher ableitet, sollte eine Drainageschicht (etwa aus groben Tonstücken) eingebaut werden. Große Pflanztröge oder Pflanzbetten in Wintergärten dürfen nur mit dafür geeigneter, strukturstabiler Spezialerde befüllt werden, die von Fachfirmen angeboten wird. Anderenfalls kann es durch Verdichtung zu Absackungen kommen, die den Pflanzen schaden, äußerst unansehnlich aussehen und zudem einen unangenehmen Geruch verursachen können.
Zitruspflanzen lassen sich auch in **»Kunsterde«** kultivieren. Ein solches industriell hergestelltes Pflanzmedium ist ein Wasser und Nährstoffe speicherndes Tongranulat, in das die Pflanze mitsamt Erdballen gesetzt wird. Hingegen ist die Hydrokultur von Zitruspflanzen selten, obwohl auch sie sicher möglich wäre, wenn junge Pflanzen durch Auswaschen der Wurzeln dafür umgestellt würden.

Bei selbst gemachten Erden unbedingt auf Hygiene achten und ausschließlich saubere, gesunde Ausgangsmaterialien verwenden, die frei sind von Samen und Nematoden.

①

②

Umtopfen

Die beste Zeit zum Umtopfen von Zitruspflanzen ist der Spätwinter, bevor die neue Vegetationsperiode beginnt. Die Pflanzen sollten nur umgetopft werden, wenn erkennbar ist, dass sie ein größeres Gefäß benötigen. Indizien sind ein starkes Wurzelwachstum oder auch ein Kränkeln der Pflanzen. Auch neu erworbene Pflanzen sollten umgetopft werden, weil sie sich oft in relativ kleinen Töpfen oder in einer ungeeigneten Erde befinden. Aus Südeuropa stammende Pflanzen stehen nicht selten in schweren Sand- oder Lehmballen, weil die Anzuchtflächen zumeist aus dieser Erde bestehen. Sie werden dort einfach ausgegraben und mitsamt dem Ballen in Töpfe gesetzt. Gelegentlich wird der Ballen mit Plastikstreifen verschnürt, damit er nicht auseinander fällt.
Wählen Sie zum Umtopfen keine zu großen Gefäße. Sie sollen nur einige cm größer im Durchmesser sein als das alte, damit die zusätzliche Erde gut durchwurzelt werden kann. Ältere Zitruspflanzen setzt man wieder in den ursprünglichen Topf zurück, nachdem ein Teil der ursprünglichen Erde entfernt und durch neue ersetzt wurde. Beim Umtopfen sollte man immer darauf achten, den Wurzelballen nicht unnötig zu verletzen und ihn nicht auseinander fallen zu lassen!

So wird umgetopft: Die Pflanze vorsichtig in das Pflanzgefäß stellen ①, frische Erde auffüllen ②, leicht andrücken ③ und vorsichtig angießen ④.

Pflanzen aus Kunststofftöpfen lassen sich leichter umtopfen als solche aus Tontöpfen. Sollten die Wurzeln bereits aus dem Topf herausgewachsen sein, so empfiehlt es sich, den Kunststofftopf aufzuschneiden, damit die Wurzeln nicht beschädigt werden. Gerade Pomeranzen *(Citrus aurantium)*, die auch als Veredlungsunterlage verwendet werden, vertragen Beschädigungen an ihrer Pfahlwurzel nur schlecht. In Tontöpfen kultivierte Pflanzen sind schwieriger umzutopfen, weil sich ihre Wurzeln schlechter herauslösen lassen. Gelingt das Herausnehmen nicht, kann gründliches Wässern das Ablösen der Wurzeln von den Topfrändern erleichtern. Bringt auch das keinen Erfolg, bleibt – wenn der Topf nicht zerschlagen werden soll – nur noch ein Umschneiden des Ballens mit einem langen Messer. Nachdem die umzutopfenden Pflanzen in ein größeres Gefäß gesetzt wurden, wird der zusätzliche Raum mit geeigneter Erde aufgefüllt und vorsichtig angedrückt. Gerade bei jüngeren Pflanzen muss das sehr sorgfältig geschehen, um ihre zarten Wurzeln nicht abzubrechen oder zu beschädigen. Bei älteren Pflanzen kann ruhig etwas kräftiger angedrückt werden; Kübelpflanzengärtner benutzen dafür einen kleinen Holzpflock, der zwischen Topfrand und Ballen passt. Weil Zitruspflanzen keine Staunässe vertragen, ist gerade bei größeren Pflanzgefäßen vor dem Befüllen des Gefäßes eine **Drainageschicht** aus grobem Kies oder Tonscherben ratsam. So kann überschüssiges Wasser abfließen, und die Wurzeln werden nicht geschädigt. Auch beim Pflanzen von Zitrusgewächsen in den offenen Boden eines Wintergartens oder Gewächshauses ist darauf zu achten, dass keine Staunässe auftritt. Außerdem dürfen die Nachbarpflanzen keine starken Wurzeln bilden, die den Zitrusgewächsen wenig Wachstumschancen lassen. Ältere Zitruspflanzen werden in der Regel nur alle drei bis fünf Jahre umgetopft. Einen besonderen Kraftakt verlangt das Umtopfen oder der Erdaustausch bei alten, großen Orangeriepflanzen. Früher baute man hierfür extra große Stellagen, um die Pflanze am Stamm mit einem Seilzug aus dem Gefäß zu ziehen. Besondere Schutzmaßnahmen waren erforderlich, um den Stamm nicht zu beschädigen. Eine solche »Zitruspflanzen-Hebeanlage« steht derzeit noch in Oranienbaum hinter der ehemaligen Orangerie.

Beim Wässern soll direkt auf die Erde gegossen werden. Achten Sie darauf, dass keine Staunässe entsteht.

Gießen und Düngen

Wasser und Nährstoffe gehören zu den Grundbedürfnissen jeder Pflanze. Für im Freiland ausgepflanzte ist das gewöhnlich auch kein Problem – dafür bilden sie im Erdreich ihre Wurzeln und oberirdisch ihr Blattwerk. Ganz anders bei Kübelpflanzen. Hier müssen diese zum Überleben wichtigen Dinge nicht nur zur Verfügung gestellt werden, auch ihre Menge, Zusammensetzung und deren zeitliche Verabreichung müssen stimmen. Andernfalls leidet die Pflanze und kann schließlich eingehen.

Gießen

Wasser ist ein Lebenselixier der Pflanzen. Die meisten Pflegefehler werden durch zu häufiges und falsches Gießen verursacht. Zitruspflanzen werden nicht regelmäßig gegossen, sondern nach Bedarf. Sind die oberen 10–20 % des Pflanzsubstrats trocken, ist eine Wassergabe fällig. Bei sehr großen Gefäßen wird auch die Erfahrung helfen, den richtigen Termin zum Gießen zu finden. Wer sich nicht sicher ist, findet im Handel Feuchtigkeitssensoren, die, in den Boden gesteckt, den aktuellen Feuchtigkeitsstatus anzeigen. Die beste Zeit zum Gießen der Pflanzen ist der Vormittag.

Auch die Pflanze selbst kann anzeigen, dass sie Wasser benötigt. Sich einzurollen beginnende und schlaff herabhängende Blätter können ein deutliches Indiz dafür sein, dass Wassermangel besteht. Auch wenn Zitruspflanzen schon einmal einige Zeit ohne Wasser auskommen, sollte danach reichlich gegossen werden. Im **Verdelli-Prozess** (siehe auch Seite 16) fördern bei im Sommer trocken gehaltenen Pflanzen anschließende kräftige Wassergaben gezielt das Blühen und anschließende Fruchten.

Die Notwendigkeit des Gießens ist auch von der Witterung abhängig. Wegen stärkerer Verdunstung aus Substrat und Blättern muss bei trockenem

Wetter häufiger gegossen werden als bei feuchtem. Am besten gießt man mit sauberem Regenwasser, temperiert auf Raumtemperatur.
Zu hartes, also kalkreiches Wasser kann den pH-Wert des Bodens erhöhen und ihn in einen für auf *Poncirus* veredelten Pflanzen ungünstigen Bereich bringen.
Die Härte des Leitungswassers kann am örtlichen Wasserwerk erfragt werden. Liegt sie zu hoch (etwa über 20° dH) und besteht keine Möglichkeit, auf geeignetes Regenwasser zurückzugreifen, lässt sich die Härte auf vielfältige Weise senken. Eine einfache Möglichkeit besteht darin, einen Beutel Torf in eine mit Wasser gefüllte Gießkanne zu hängen. Der Torf bindet einen Teil des Kalks. Auch einige Spritzer Essig oder ein wenig Superphosphat (im Gartenhandel erhältlich) in das zu harte Gießwasser gegeben, senkt den pH-Wert. Allerdings darf der pH-Wert des Gießwassers nicht deutlich unter 6 fallen. Wer ganz sicher sein will, sollte sich entsprechende Testmaterialien aus der Drogerie besorgen. Damit kann man übrigens auch das Pflanzsubstrat selbst prüfen, denn was hat es für einen Sinn, gegebenenfalls ohnehin schon saure Erde mit saurem Wasser zu gießen?

Tauchen

Stark ausgetrocknete Wurzelballen nehmen ihnen zugeführtes Gießwasser nicht mehr auf. In diesem Fall sollte die Pflanze samt Topf so lange in einen mit Wasser gefüllten Eimer gestellt werden, bis keine Luftbläschen mehr aufsteigen. Eventuell überschüssiges Wasser auf dem Untersatz könnte die Wurzeln schädigen und muss entfernt werden.
Zitruspflanzen in Ton- oder Terrakottatöpfen brauchen wegen der größeren Verdunstung häufiger Wasser als solche in Kunststofftöpfen. Im Freien stehende Pflanzen sollten an sonnigen Tagen nicht zur Mittagszeit gewässert werden. Gegossen wird stets von oben auf das Substrat, damit Wasser und Dünger die Erde durchdringen und die Wurzeln versorgen können. Während der winterlichen Ruhezeit dürfen Zitruspflanzen nur wenig gegossen werden – am besten mit um 15 °C temperiertes Wasser.

Düngen

Wie alle Pflanzen benötigen Zitruspflanzen zum Leben Nährstoffe. Der Dünger muss alle erforderlichen Elemente enthalten, und sie müssen für die Pflanze auch verfügbar sein. Daher kommt es auch auf die richtige Bodenreaktion an.

Kalkhaltiges Leitungswasser, das fünf Minuten lang gekocht hat, scheidet einen erheblichen Anteil an Kalk aus (Kesselstein). Abgekühlt kann es als Gießwasser genutzt werden.

Stark ausgetrocknete Ballen werden so lange unter Wasser getaucht, bis keine Luftblasen mehr aufsteigen.

Im Handel werden verschiedene Dünger speziell für Zitruspflanzen angeboten. Es gibt ihn als Flüssigdünger, Granulat oder in Pulverform.

Die wichtigsten Nährstoffe sind Stickstoff (N), Phosphor (P) und Kalium (K), die auf Düngemittelpackungen mit N-P-K und einer Zahlenkombination bezeichnet sind. Die Zahlen nennen den Anteil des jeweiligen Elements in Prozent. Eventuell weitere angegebene Werte beziehen sich auf den Gehalt an Magnesium, Kalzium und Spurenelementen wie Schwefel, Mangan, Kupfer, Zink, Bor, Molybdän und Eisen. Stickstoffmangel zeigt sich an Blattaufhellungen und der Einstellung des Wachstums, Stickstoffüberschuss an sehr starkem Zuwachs und Trieben mit besonders langen Internodien (Bereich zwischen zwei Blättern). Phosphormangel wirkt sich negativ auf die Blüten- und Fruchtbildung aus sowie auf deren Qualität. Kaliummangel zeigt sich an qualitativ minderwertigeren, kleineren Früchten, schlechterem Ausreifen des Holzes sowie braunfleckigen Blättern. Hin und wieder hört man anstelle von Kalium den Begriff Pottasche. Hierbei handelt es sich um den Kalidünger Kaliumkarbonat.

Die Gabe von mineralischen Düngern zeigt eine sofortige Wirkung, während organische Dünger zeitversetzt wirken und nach einem aktiven Bodenleben verlangen. Depot- oder Langzeitdünger geben die enthaltenen Nährstoffe über einen bestimmten Zeitraum ab.

Nicht selten treten bei der Kultur von Zitruspflanzen **Chlorosen** auf, die sich an hellen, manchmal sogar weißen Blättern zeigen. Häufig liegt hier ein Mangel an den Spurenelementen Eisen und Magnesium vor (siehe Seite 73). Möglicherweise muss bei Überdüngung in ein neues Substrat umgetopft werden. Kurzfristige Abhilfe mag hier eine Blattdüngung verschaffen, wobei eine Düngerlösung gemäß den Vorschriften des Düngemittelherstellers hergestellt und auf die Pflanze gespritzt wird.

Mäßig, aber regelmäßig

Von Ende Mai bis August sollte mit dem Gießwasser in ein- bis zweiwöchigen Abständen mit einer Düngerlösung gegossen werden, die sämtliche Nährstoffe und Spurenelemente enthält. Bei etwas höherem Stickstoff- und niedrigerem Phosphoranteil wird der Wuchs gefördert, das kann für die Sommerzeit erwünscht sein. Die Lösung wird nach den Angaben des Düngemittelherstellers angesetzt. Derzeit sind verschiedene spezielle Zitrusdünger im Handel. Bei kühler Überwinterung düngt man im Winter etwa alle 6 Wochen, bei beginnender Blattaufhellung ist auch eine Blattdüngung zu empfehlen. Allerdings

gilt es immer, zuerst die Ursachen zu ermitteln und zu beseitigen. Werden die Pflanzen wärmer und heller überwintert, muss häufiger gedüngt werden.
Bei der Verwendung organischer Düngemittel ist zu beachten, dass sie ihre volle Wirkung nur dann entfalten können, wenn im Boden lebende Mikroorganismen für deren Umsetzung zu pflanzenverfügbaren Stoffen sorgen. Dafür ist eine gewisse Zeit notwendig, und daher wirken organische Dünger gewöhnlich zeitversetzt.

Langzeitdünger reichen für mehrere Monate aus. Wegen der Winterruhe sollen sie nicht zu spät gegeben werden.

Bewährt haben sich **Langzeitdünger,** die als umhüllte Kügelchen dem Pflanzsubstrat untergemischt oder in den Boden eingearbeitet werden. Ihre Wirkungsdauer ist unterschiedlich, sie können aber dem Zitrusgärtner für eine längere Zeit das Nachdüngen ersparen. Menge und Wirkungsdauer sind der Produktbeschreibung zu entnehmen.

Der richtige Schnitt

Wie die meisten kultivierten Obstgehölze erhalten auch Zitruspflanzen in den Anbauländern einen so genannten Aufbauschnitt. Hierdurch entstehen von Anfang an kräftige Tragäste, die später an ihren Zweigen das Fruchtholz ausbilden können. Unterbliebe der Aufbauschnitt, könnte sich bald eine dichte Krone mit herunterhängenden Zweigen formen, an denen sich relativ kleine Früchte entwickeln. Der Triebzuwachs in unserem Klimabereich ist oft deutlich geringer. Die vorjährigen Triebe junger, gut entwickelter Veredlungen werden im Spätwinter um ein Drittel bis zur Hälfte zurückgenommen.
Der schräge Schnitt erfolgt mit einer scharfen Gartenschere an den Trieben, etwa in gleicher Höhe über einer nach außen weisenden Knospe. So wächst der daraus hervorgehende neue Austrieb nicht störend und unschön in die Krone hinein, sondern nach außen.
Größere Schnittwunden werden mit Baumwachs verstrichen. Für

Spalieranzucht: Stärker wachsende Triebe werden an ein Holz- oder Bambusspalier angebunden. Die Zweige nur wenig einkürzen.

An gesunden, wüchsigen Zitruspflanzen folgt auf einen stärkeren Rückschnitt im Spätwinter ein kräftiger Austrieb. Erfolgt der Schnitt hingegen im Sommer, wird die Wuchskraft gebremst.

① Schnittstellen zum Aufbau einer Krone
② Seitentriebe am Stamm werden entfernt, Krone wird zurückgeschnitten
③ Fertiger Kronenaufbau, Stämmchenform

Als Hochstämmchen mit einer kompakten Krone wirken Zitrusbäumchen ansprechend und dekorativ.

den Aufbau einer Krone reichen drei kräftige Äste. Im Folgejahr sind Schnittmaßnahmen zum Kronenaufbau bei Bedarf durchzuführen. Störende, in die Krone hineinwachsende Triebe werden entfernt. Im Übrigen beschneidet man die Krone entsprechend der gewünschten Form.

Ältere, verunzierte oder einseitig gewachsene Zitruspflanzen können kurz vor dem Austrieb sehr kräftig zurückgeschnitten oder -gesägt werden, auch ins alte Holz hinein. Die Schnittflächen glättet man mit einem scharfen Messer und verstreicht sie mit einem Wundverschlussmittel. Auf diese Weise wird übermäßige Verdunstung unterbunden. Bei optimaler Kultur wird die Pflanze bald kräftig austreiben und eine ansehnliche Krone bilden.

Einige Zitrusarten wie etwa Hongkong-Kumquat, Zitrone und Zedratzitrone treiben gelegentlich sehr kräftige einzelne Triebe. Diese können zum Aufbau der Krone verwendet werden. Wachsen sie an störender Stelle, werden sie einfach gekappt. Oft stellt so ein Trieb übrigens ein gut geeignetes Edelreis zur Veredlung dar. Austriebe an unerwünschter Stelle, zum Beispiel am Stamm einer Pflanze, werden gleich nach Erscheinen mit zwei Fingern abgerieben. So entstehen erst gar keine Wunden an der Rinde. Das Gleiche gilt für unerwünschte Austriebe von der Veredlungsunterlage.

Hochstämmchen erziehen

Werden Zitruspflanzen mit geradem, kräftigem Stamm in gewünschter Höhe »abgeworfen« (= abgeschnitten), treiben die etwa drei bis vier darunter befindlichen Knospen aus und bilden das zukünftige Kronengerüst (siehe Zeichnung).

Überwintern

Da die meisten Zitrusarten frostunverträglich sind, müssen sie frostfrei überwintert werden. Die Pflanzen werden so spät wie möglich zur kühlen Überwinterung eingeräumt – je nach Witterung meist ab Ende September. Lassen es die Temperaturen zu, kann auch später eingeräumt werden. Das ist sogar besser, denn dann sind die Pflanzen widerstandsfähiger, und die Überwinterungszeit ist kürzer. Die vorgesehenen Räume für die Pflanzen müssen frostfrei gehalten werden und zudem belichtet und gut belüftet sein. Das Pflanzsubstrat muss eher trocken gehalten werden. Natürlich darf die Erde nicht vollkommen austrocknen, was sich an aufrollenden und welken Blättern zeigen würde.
Da die immergrünen Zitruspflanzen ständig Wasser verdunsten, müssen sie auch im Winter gegossen werden, allerdings in größeren Zeitabständen und sehr zurückhaltend. Als Faustregel gilt: Je wärmer überwintert wird, desto heller sollen die Pflanzen stehen. Und zwingend gilt ebenso: Je kälter die Pflanzen überwintert werden, desto dunkler kann ihr Standort sein. Nicht selten verlieren Zitruspflanzen während des Winters ihre Blätter. Das kann zwar verschiedene Ursachen haben, liegt aber meist an den Überwinterungsbedingungen. Bei kühler Überwinterung mit Temperaturen um 5–10 °C sind die Wurzeln nahezu inaktiv, Nährstoffe und Wasser werden nicht oder kaum noch transportiert. Die Blätter können daher nicht mehr mit Nährstoffen versorgt werden, die sie bei sehr hellen Überwinterungsbedingungen und tags höheren Temperaturen wegen der dann noch zu einem Teil stattfindenden Photosynthese bräuchten. Das Laub verfärbt sich folglich hell und fällt ab.

Bei der Überwinterung von Zitruspflanzen in einem luftfeuchten Gewächshaus tritt an Blüten, Trieben und Blättern leicht Schimmelbefall auf. Regelmäßiges Lüften (in frostfreien Perioden) vermindert dies.

Unter den genannten Bedingungen könnte eine weniger helle Überwinterung das Problem lösen.
Zitruspflanzen sollten nur dann hell überwintert werden, wenn die Temperatur um 15 °C liegt und der Ballen diese Temperatur möglichst ebenfalls erreicht.

Wer keine Überwinterungsmöglichkeiten hat, kann seine Zitruspflanzen auch in einer Gärtnerei überwintern lassen.

Die Zedratzitrone liebt ein warmes Winterquartier und im Sommer einen sonnigen Platz.

Gegossen wird dann sehr zurückhaltend, ebenso verabreicht man Düngergaben in geringer Konzentration.
Berücksichtigt man diese Regeln, sind viele Räume zur Überwinterung geeignet. Dazu zählen Gewächshäuser oder Wintergärten, aber auch Treppenhäuser, Gartenschuppen und sogar dunkle Boden- oder Kellerräume, sofern sie frostfrei gehalten werden können. Wichtig ist nur das geschilderte richtige Verhältnis zwischen Helligkeit und Temperatur und damit verbunden das Gießverhalten.

Der Keller als Winterquartier

Ist vorgesehen, Zitruspflanzen in Ermangelung anderer Räume im dunklen, etwa 10 °C kühlen Keller zu überwintern, sollten dafür geeignete Bedingungen geschaffen werden. Hierzu können an der Kellerdecke, etwa 50–100 cm über den Pflanzen, spezielle Leuchtstoffröhren installiert werden. Diese müssen täglich für zehn bis zwölf Stunden, möglichst mittels einer Schaltuhr, eingeschaltet werden. Wer keine Überwinterungsmöglichkeiten besitzt, kann seine Pflanzen auch in Gärtnereien überwintern lassen, die diesen Service gegen eine Gebühr anbieten.
Im Winterquartier für Zitruspflanzen sollte kein Obst, insbesondere keine Äpfel, gelagert werden. Wegen der Ethylenausdünstungen des reifenden Obstes kann es nämlich zu vollständigem Blattfall an den Pflanzen kommen.
Kontrollieren Sie die im Winterquartier befindlichen Pflanzen regelmäßig und achten dabei besonders auf Schädlings- oder Schimmelbefall. So können Sie gegebenenfalls sofort Gegenmaßnahmen ergreifen. Von Zeit zu Zeit sollten größere Pflanzen

Temperaturempfehlungen zur Überwinterung

Zitruspflanzen der Gruppe A:
Die Pflanzen dieser Gruppe sind frostverträglich und können an geeigneter Stelle ausgepflanzt werden. Gegen gelegentlich auftretende tiefere Temperaturen muss Winterschutz angebracht werden. Die Temperaturangaben können, abhängig vom Kleinklima, nach oben und unten schwanken. Bei Kübelkultur sollte wie in Gruppe B überwintert werden. Dies gilt für: *Poncirus trifoliata* (bis –25 °C), *Poncirus*-Hybriden (bis –10 °C), *Citrus ichangensis* (bis –10 °C)

Zitruspflanzen der Gruppe B:
Die Pflanzen dieser Gruppe sollten bei 5 bis 10 °C überwintert werden, sie müssen dann nicht extrem hell stehen. Dies gilt für: *Fortunella*-Arten, *Citrus limon, C. sinensis, C. reticulata, C. paradisi, C. aurantium*

Zitruspflanzen der Gruppe C:
Diese Arten bevorzugen im Winter einen hellen Standort und Temperaturen um 14 bis 18 °C. Dies gilt für: *Citrus aurantifolia, C. latifolia, C. medica, C. hystrix*

vorsichtig geschüttelt werden. Dann können vertrocknete Blätter herunterfallen und sollten entfernt werden.
Poncirus trifoliata ist bei uns frei ausgepflanzt winterhart, muß bei der Kultur im Kübel jedoch wie die übrigen Zitrusarten überwintert werden. Auch Citrangen vertragen Frostgrade, sind bei uns allerdings nicht winterhart.

Zitruspflanzen selbst anziehen und vermehren

Es ist gar nicht so schwer, Zitruspflanzen selbst anzuziehen. Verschiedene Möglichkeiten stehen zur Auswahl – von »ganz einfach« bis professionell. Dem Hobbygärtner gelingt mit ein wenig Übung und Geschick sogar die sortenechte Vermehrung. Das bedeutet: Die selbst vermehrten und angezogenen Pflanzen tragen später auch die gewünschte Zitrussorte und nicht irgendeine Überraschungskreuzung. Prinzipiell sind drei Arten der Vermehrung möglich: aus Samen, aus Stecklingen und durch Veredlung.

Anzucht aus Samen

Verschiedene Sorten lassen sich wegen der zitrustypischen Nucellarembryonie theoretisch aus Samen anziehen (siehe Seite 15). Aufgrund ihrer ausgeprägten und langen juvenilen Phase sind solche Pflanzen jedoch stark wüchsig und spät blühend und fruchtend. Neben weiteren Nachteilen, die noch ausgeführt werden, besteht hier häufig auch eine unerwünschte starke Bedornung. Daher werden heute kaum noch Plantagen aus Zitrussämlingen angelegt. Besondere Bedeutung hat die Kultur aus Samen hingegen bei der Produktion von Veredlungsunterlagen.
Nahezu alle Zitrus-Wurzelstöcke, das sind die Veredlungsunterlagen, werden heute aus Samen bestimmter Arten oder Hybriden angezogen. Samen zur Aussaat können Sie selbst aus den Früchten gewinnen. Nach der Entnahme werden sie von eventuell anhaftendem Fruchtfleisch gereinigt und anschließend langsam bei normalen Zimmertemperaturen getrocknet. Bei etwa 10 °C bleiben sie in einem geschlossenen Glas einige Monate keimfähig. Samenhändler behandeln Saatgut häufig mit Fungiziden, um Pilzerkrankungen während der Lagerzeit vorzubeugen.
Zur Aussaat im kleinen Stil eignet sich ein Zimmergewächshaus mit

Zitrusfrüchten entnommene Kerne werden ausgesät. Die so angezogenen Pflanzen blühen und fruchten oft erst nach vielen Jahren.

Schale und Klarsichtabdeckung. Die Schale wird mit Anzuchterde gefüllt und diese durchdringend befeuchtet. Überschüssiges Wasser abgießen. Getrocknete Samen keimen rascher, wenn man sie vor der Aussaat einige Stunden in handwarmem Wasser vorquellen lässt. Die Aussaat erfolgt etwa 1 cm tief in einem Abstand von 2 cm, anschließend wird die Klarsichtabdeckung aufgelegt. So entsteht eine hohe Luftfeuchtigkeit, die ein schnelles Abtrocknen der Erdoberfläche verhindert und sich positiv auf die Entwicklung des Sämlings auswirkt. Die beste Temperatur zum Keimen liegt bei etwa 25 °C.

Reiser zur Zitrusvermehrung können von Botanischen Gärten bezogen werden, wenn dort die Pflanzen beschnitten werden. Das ist häufig im Spätwinter der Fall, gelegentlich auch im Herbst vor dem Einräumen. Auch aus dem Urlaub in einem Land der EU können Sie Zitrusreiser mitbringen. Sie sollten möglichst kühl bei hoher Luftfeuchtigkeit gelagert werden, z.B. in einer leeren Plastikflasche oder in feuchtem Küchenpapier. Die Blätter können eingekürzt oder am Stiel abgeschnitten werden – nicht abbrechen!

Die Keimdauer kann 2–6 Wochen betragen, bei Herbstaussaat frischer *Poncirus*-Samen sogar bis zum Frühjahr. Sobald die Sämlinge etwa 3 cm groß sind, werden sie durch zeitweises Lüften zunehmend abgehärtet, bis man sie bei einer Größe ab etwa 5 cm in einzelne Töpfe mit Zitruserde umpflanzt. Die Weiterkultur sollte im Gewächshaus erfolgen; geeignet ist vorerst allerdings auch noch die Fensterbank.

Anzucht aus Stecklingen

Auch die Stecklingsvermehrung zur kommerziellen Anzucht von Zitrusbäumen wird kaum angewandt, weil die damit verbundenen Nachteile überwiegen. Erwähnenswert ist die Anfälligkeit gegenüber mehr oder weniger ausgeprägter Fäulniserscheinungen im unteren Triebbereich. Häufig stehen gerade jüngere Pflanzen nicht sicher auf der Wurzel, weil der Wurzelzuwachs die Pflanze anfänglich kaum zu halten vermag. Dadurch kann die Pflanze geschwächt werden. Dieses Phänomen wurde in der Vergangenheit bei stecklingsvermehrten Calamondinen beobachtet, die durch entsprechende Kulturmaßnahmen schnell zur Blüte und Verkaufsgröße getrieben wurden.

Für den Hobbygärtner ist die Vermehrung aus Stecklingsreisern jedoch eine recht einfache Alternative, sortenecht Zitruspflanzen zu vermehren. Bei der besonderen Pflege, die der einzelnen Pflanze gewidmet werden kann, kommen die Nachteile nicht zum Tragen.

So wird's gemacht

Stecklinge können zwar während des ganzen Jahres geschnitten und gesteckt werden, die günstigsten Zeiten sind jedoch das zeitige Frühjahr und der Spätsommer. Verwendet wird der mittlere Teil kräftiger halbreifer Triebe, von denen man große Blätter zur Verringerung der Verdunstungsflächen hälftig abschneidet; kleinere können bleiben. Die Triebe werden zu etwa 10 cm langen Stücken mit möglichst 4 Augen (Knospen)

geschnitten. Im unteren Bereich erfolgt der Schnitt dicht unterhalb der Knospe, im oberen Bereich wenig darüber. Die Schnitte sollten mit einer scharfen Gartenschere ausgeführt werden, nicht mit einer die Wachstumszone des Stecklings (Kambium) quetschenden Ambossschere. Ein unsauberer Schnitt muss mit einem scharfen Messer nachgeschnitten werden. Anschließend steckt man den Trieb so in feuchte Anzuchterde, dass sich zwei Augen, deren Blätter abgeschnitten wurden, im Substrat und zwei darüber befinden sollten. Der Bewurzelungserfolg lässt sich durch vorheriges Tupfen in ein Bewurzelungshormon fördern.

Die Kultur erfolgt hell, aber nicht vollsonnig in einem (Zimmer) Gewächshaus bei etwa 22–25 °C und hoher Luftfeuchtigkeit. Durch Abdecken mit einer Klarsichthaube können diese Bedingungen auch in einem Anzuchtkasten auf der Fensterbank geschaffen werden. Gelegentliches Lüften beugt möglichem Pilzbefall vor.

Die Bewurzelung der Stecklinge kann sehr unterschiedlich voranschreiten. Bei manchen zeigt sich bereits nach einigen Wochen ein deutlicher Austrieb aus einem Auge, bei anderen wartet man Monate, allerdings ohne dass der Steckling vertrocknet. Das kann daran liegen, dass sich an der unteren Schnittfläche lediglich ein Kambiumwulst gebildet hat, ohne Wurzelgewebe zu differenzieren. In diesem Fall ist es oft hilfreich, den Kambiumwulst mit einem Messer zu verletzen und den Steckling erneut in das Anzuchtsubstrat zu stecken.

So erfolgt die **Stecklingsvermehrung:**
① Wichtig: Auswahl gesunder, nicht verholzter Triebe.
② Stecklinge werden in geeignete Pflanzgefäße gesteckt.
③ In Kisten gesteckte Stecklinge werden nach einem Neuaustrieb von ca. 5 cm vorsichtig pikiert, also in Töpfe vereinzelt.

Sobald die Stecklinge deutlich austreiben, werden sie abgehärtet, wie schon bei den Sämlingen beschrieben, und anschließend in Einzeltöpfe pikiert. Sind sie etwa vier Wochen später angewachsen, werden sie erstmals leicht gedüngt. Auf diese Weise angezogene Pflänzchen können sofort blühen, wenn sich schon Blütenknospen an den Stecklingsreisern befanden. Vorzuziehen ist allerdings eine erste Blüte an mindestens einjährigen Pflanzen; daher sollten vorzeitige Blüten entfernt werden.

Anzucht durch Veredlung

Die wichtigste Art der Vermehrung von Zitruspflanzen ist das Veredeln. Hier wird die zu vermehrende Sorte mit einem geeigneten Verfahren dazu gebracht, in einem Wurzelstock, genannt Unterlage, zu einer neuen Pflanze zu verwachsen. Die Unterlage ist gewöhnlich eine aus Samen angezogene geeignete Zitruspflanze (siehe Seite 67), als Edelreis dient ein Triebteil der Sorte, die vermehrt werden soll.
Bei der Reiserveredlung werden Edelsorte und Unterlage zum Verwachsen gebracht, bei der Augenveredlung ist dafür nur eine Knospe erforderlich. Das anzuwendende Verfahren ist abhängig von der Zeit der Veredlung und dem vorhandenen Material.
Weil das Veredeln kein Buch mit sieben Siegeln ist, sondern mit dem richtigen Know-how und ein wenig Übung gar nicht so schwer zu erlernen ist, hier zwei einfach nachzuvollziehende Verfahren:

Zur Veredlung notwendiges Werkzeug und Material:

- Kopulationsmesser
- Okulationsmesser
- Pflanzenschere (keine Ambossschere)
- Gummiveredlungsbänder oder Bast
- Wundverstrichmittel

Warum Zitruspflanzen durch Veredlung vermehrt werden:

- Um sie sortenecht zu vermehren
- Um sie dem vorhandenen Boden anzupassen
- Um sie an das Klima anzupassen
- Um ein schnelles Fruchten zu erzielen
- Um sie widerstandsfähiger gegenüber Krankheits- und Parasitenbefall zu machen
- Um vorhandene Krankheiten auszumerzen
- Um die gewünschte Wuchsform und Größe zu erzielen
- Um mit wenig Edelreismaterial viele Nachkommen anzuziehen
- Um nicht mehr gefragte oder unbefriedigende Sorten durch bessere zu ersetzen
- Um Sämlingspflanzen schneller zum Fruchten zu bringen.

Kopulation
Dieses Verfahren kann ganzjährig angewendet werden, vorzuziehen ist jedoch die Ruhezeit zwischen November und März. Wer noch nie veredelt hat, sollte die Schnittführung zuerst üben, etwa an Liguster- oder anderen gerade gewachsenen Reisern (Trieben). Voraussetzung zur Anwendung: Sowohl das Edelreis als auch die Unterlage müssen an der beabsichtigten Veredlungsstelle einen nahezu gleichen Durchmesser aufweisen. Die mindestens knapp bleistiftstarke Unterlage wird in der gewünschten Höhe – üblich sind bei Bodenveredlungen etwa 10 cm – mit dem Veredlungsmesser schräg auf einer Länge von etwa 2,5 cm gegenüber

②

③

④

Das Veredeln – hier durch **Kopulation** – muss sehr sorgfältig durchgeführt werden, um Erfolg zu haben. Vor allem ist auf sauberes Werkzeug zu achten ①. Die Schnittfläche des Edelreises muss möglichst gleich groß sein ②. Die Schnittflächen dürfen nicht berührt werden. Nach dem Verbinden ③ wird die Veredlungsstelle mit Wundwachs verstrichen ④.

einem Auge angeschnitten, sodass ein Keil entsteht. Das auf eine Länge von etwa 5 cm gekürzte Edelreis sollte mindestens 3 Augen aufweisen. Es wird ebenso zurechtgeschnitten, sodass die Schnittflächen plan übereinander passen. Die Schnittfläche des Edelreises darf auch ein wenig länger sein, nicht aber umgekehrt. Nachdem die Veredlungspartner deckend übereinander gelegt wurden, wird mit Gummiveredlungsband oder Raffiabast mit einem halben Schlag (bei der Verwendung von Bast mit 2 halben Schlägen) verbunden. Zuletzt verstreicht man den Veredlungsbereich und die obere Schnittstelle des Edelreises mit einem Wundverschlussmittel. Die Weiterkultur erfolgt in einem Gewächshaus oder einem geeignet hohen Zimmergewächshaus.

Hat der Austrieb aus dem Edelreis eine Länge von etwa 15 cm erreicht, wird der Verband mit einem scharfen Messer vorsichtig durch einen senkrechten Schnitt aufgeschnitten. Wurden Gummiveredlungsband und ein durchscheinendes Baumwachs verwandt, kann das Aufschneiden unterbleiben, weil sich der Verband durch den UV-Anteil im Tageslicht selbsttätig zersetzt. Eventuelle Austriebe an der Unterlage werden sofort nach Erscheinen abgerieben.

Die Veredlung ist jetzt fertig und gelungen, die Weiterkultur erfolgt wie schon beschrieben.

Um mit den Pflanzen nicht auch Krankheiten zu vermehren, muss bei der Pflanzenvermehrung hygienisch gearbeitet werden, und darf nur gesundes Pflanzenmaterial zum Einsatz kommen. Verschiedene Institutionen der Anbauländer halten gesundes, virusfreies oder getestetes Vermehrungsmaterial zur Verfügung. Durch Gesetzesänderung ist es jetzt verboten, ohne Genehmigung Zitruspflanzen oder -reiser aus Drittländern in die EU einzuführen.

So wird die **Okulation** durchgeführt:

① In die Rinde der Veredlungsunterlage werden mit einem Okuliermesser zwei Schnitte in Form eines „T“ geschnitten.

② Eine Knospe wird flach von unten nach oben aus dem Edelreis geschnitten. Das Blatt wird bis auf den Blattstiel abgeschnitten (a). Rückansicht des Schildchens (b).

③ Die oberen Lappen des T-Schnitts werden mit dem Rindenheber des Okuliermessers angehoben. In die so entstandene Tasche wird das Augenschildchen eingeschoben.

④ Anschließend wird die Veredlungsstelle mit Bast oder Gummiveredlungsband unter Freilassung des Auges verbunden und mit Baumwachs verstrichen.

⑤ Die Veredlung ist gewöhnlich angewachsen, wenn der verbliebene Blattstiel nach einiger Zeit abfällt. Vertrocknet er, ohne abzufallen, ist die Veredlung misslungen. Bei Verwendung von Bast muss dieser durchtrennt werden, sobald die Veredlung etwa 5 Zentimeter ausgetrieben ist. Gummiveredlungsband zersetzt sich unter dem Einfluss des UV-Lichtes selbständig.

Okulation

Okulieren ist ein besonders Material sparendes und sicheres Veredlungsverfahren. Es kann nur zur Zeit des Saftflusses, also in der Vegetationszeit, angewandt werden, weil dabei ein Teil der Rinde gelöst werden muss (siehe nebenstehende Beschreibung). In den Zitrusanbauländern ist es neben dem »Chippen«, einem ähnlichen Verfahren, bei dem das Auge in Form eines Chips eingesetzt wird, das wichtigste Veredlungsverfahren. Bei uns kann man es etwa ab April unter Glas – also im Wintergarten oder Gewächshaus – durchführen.

Veredlungsunterlagen

Alle Veredlungsunterlagen haben Vor- und Nachteile. Im kommerziellen Anbau kommen wegen regional verbreiteter Zitruskrankheiten oder sonstiger Standortbedingungen für bestimmte Regionen oft nur wenige Unterlagen in Frage. Bei uns werden Zitruspflanzen überwiegend in Pflanzgefäßen kultiviert – und die in den Anbaugebieten vorhandenen Probleme spielen hier praktisch keine Rolle. Daher ist für die Wahl der Unterlage in unserem Fall nur interessant, ihre wichtigsten Ansprüche zu kennen.

Pomeranzen werden häufig als Veredlungsunterlagen zur Vermehrung von Zitruspflanzen gewählt.

Die bei uns am häufigsten verwendete Unterlage zur Anzucht von Zitruspflanzen ist die winterharte Dreiblättrige Orange *(Poncirus trifoliata)*, die einen leicht sauren Boden verlangt. Man kann sie in vielen Botanischen Gärten besichtigen. Ihre im Herbst reifenden, gelblich pelzig behaarten runden Früchte enthalten die Samen, aus denen die Unterlagen angezogen werden. Im Kübel wachsen sie recht schwach und zeigen eine gute Verträglichkeit zu den Edelsorten. Noch schwächer wächst 'Flying Dragon' *(= P. trifoliata* var. *monstrosus)*. Aber Vorsicht! Edelsorten sind noch lange nicht winterhart, wenn die Unterlage es ist. Eine weitere wichtige Unterlage ist die stärker wüchsige Pomeranze, *Citrus aurantium*. Weil sie einen geraden Stamm bildet, wird sie gerne zur Anzucht von Stämmchen genutzt. Die Veredlung erfolgt dann in Kronenhöhe (Kronenveredlung). Pomeranzen bilden eine Pfahlwurzel, die nicht zurückgeschnitten werden sollte. Sie kommt auch mit einem pH-Wert des Bodens von 6,5 bis 7 zurecht. Importierte Zitruspflanzen stehen gelegentlich auch auf den Citrangen 'Carizzo' und 'Troyer' als Unterlage. Diese sind wüchsig und ebenso kübeltauglich.

Probleme mit Zitruspflanzen

Pflanzen entwickeln sich wie alle Lebewesen unter ungünstigen Bedingungen schlecht und werden dann Schadorganismen und Krankheiten gegenüber anfällig. Richtiger Standort und optimale Pflegemaßnahmen sind der beste vorbeugende Pflanzenschutz. Schädlinge und Pilze haben es dann schwer, die Pflanze anzugreifen. Trotz sorgfältigster Pflege lassen sich Erkrankungen aber nicht immer ausschließen. Der Zitrusfreund sollte daher stets einen Blick auf seine Pflanzen werfen, um schon bei den ersten Symptomen sofort Gegenmaßnahmen einleiten zu können.

Bei Eisen- oder Magnesiummangel kann Chlorose auftreten. Die Blätter werden gelb bis nahezu weiß.

Kulturfehler und ihre Schadbilder

Kulturfehler erkennt man meistens rasch an der Reaktion der Zitruspflanze. Allerdings sollte es gar nicht erst dazu kommen, denn sichtbare Schädigungen sind nicht immer rückgängig zu machen.

Gelbe Blätter (Chlorosen) mit grün bleibenden Blattadern können ein Hinweis auf Eisenmangel sein. Als Ursache kommt eine Nährstoff-Unterversorgung wegen zu kalkhaltigen Substrats oder Gießwassers in Betracht. Auch Stickstoffmangel kann, gerade in der Wachstumsphase, zu Blattchlorosen führen. Es sollte stets mit einem Volldünger gedüngt werden, der sämtliche Spurenelemente enthält. Eisenchelat in wässriger Lösung kann als Blattdüngung kurzfristig gegen diese Mangelerscheinung helfen.

Dieser Mangel hat seine Ursache nicht immer an einer Unterversorgung mit diesen Elementen, sondern hängt oftmals mit der

Zitruspflanzen leiden im Winter besonders bei nasser Erde und niedrigen Bodentemperaturen. Das Substrat sollte mindestens Raumtemperatur haben.

Kulturführung zusammen. Zu nasser und zu kalter Boden, ein zu hoher pH-Wert und/oder eine Überdüngung (Versalzung) des Bodens können Auslöser sein. Daher sollte geprüft werden, ob diese Kulturfehler vorliegen, um sie dann zu unterbinden.

Dunkel- bis blaugrüne Blattverfärbungen, zunächst an den jüngeren Blättern, können einen bestehenden Phosphormangel anzeigen. In der Folge könnten auch geringere Blüteninduktion und Fruchtbildung auftreten. Typisch sind zudem relativ kleine dunkle Blätter, weil das Blattflächenwachstum stärker reduziert wird als die Chlorophyllsynthese.

Braune Blattränder und Flecken, besonders an älteren Blättern, sind Hinweis auf Kaliummangel.

Vertrocknete Blattspitzen und mehr oder weniger große braune, unregelmäßig geformte (nekrotische) Flecken auf den Blättern können eine Folge von Sonnenbrand sein. Beim Herausstellen aus dem Winterquartier müssen Zitruspflanzen erst langsam an die volle Sonne gewöhnt werden.

Schlaffe, welkende Blätter sowie das Auftreten von Wachstumsstockungen weisen mitunter auf Überdüngung (Versalzung) des Bodens hin. In diesem Fall sollte das Substrat ausgetauscht oder durch mehrmaliges durchdringendes Gießen ausgewaschen werden.

Dasselbe Schadsymptom tritt auch auf an Pflanzen, die unter Vertrocknung leiden. Nimmt der ausgetrocknete Wurzelballen beim Gießen kein Wasser auf, muss der ganze Ballen für etwa eine Stunde in einen mit Wasser gefüllten Eimer getaucht werden, bis er komplett durchfeuchtet ist. Anschließend stets so gießen, dass ein völliges Austrocknen unterbleibt.

Laubabwurf: Während der Überwinterungsphase sind ein Einrollen der Blätter und Laubabwurf durch Lichtmangel oder trockene Heizungsluft nichts Ungewöhnliches. Die meisten Zitrusarten vertragen kühle und helle Überwinterung am besten. Im Freien kann auch bei sehr niedrigen (Nacht-)Temperaturen Blattfall auftreten. Weil Zitruspflanzen zähe Gewächse sind, erholen sich auch kahle Exemplare zumeist im Frühjahr. Es ist also ratsam, auch unansehnlich gewordene Exemplare nicht gleich auf den Komposthaufen zu werfen. Das Frühjahr und der Sommer mit ihrer Sonnenkraft retten oft bereits Totgeglaubte.

Tierische Schädlinge

Spinnmilben: Die winzigen, bis 0,8 mm großen, spinnenähnlichen, gelblich bis rot gefärbten Milben treten oft in großen Kolonien auf den Blattunterseiten auf. Bei starkem Befall sind die Blätter mit einem feinen Spinnwebengeflecht überzogen. Spinnmilben schädigen, indem

Spinnmilben wie hier auf Kumquat können durch Einsatz von Nützlingen (Raubmilben) bekämpft werden.

Werden Zitruspflanzen im Sommer im Freien gehalten, tritt Befall mit weißer Fliege seltener auf.

sie die Blätter anstechen und nährstoffhaltigen Pflanzensaft saugen. Feine Sprenkelungen gehören zu den ersten Anzeichen. Durch die zahlreichen Einstichlöcher verdunstet die Pflanze viel Wasser. Vertrocknungsschäden sind die Folge.
Gegenmaßnahmen: Häufiges Lüften, Entfernen stark befallener Pflanzenteile, Abspritzen mit Wasser, Behandlung mit einem Mineralölspritzmittel oder Akarizid oder der Einsatz von Raubmilben.

Blattläuse schädigen durch Entzug von Pflanzensaft. Sie sind gewöhnlich an jungen und weichen Pflanzengeweben anzutreffen. Neben dem Nährstoffentzug schädigen sie durch das Ausscheiden von Honigtau. Diese klebrige Substanz fällt auf die darunter liegenden Blätter und ist Nährboden für Rußtaupilze. Ameisen lieben Honigtau und sind daher bei Befall mit Läusen oft ebenfalls anzutreffen. Da sie sich gegenseitig positiv beeinflussen, gilt die Bekämpfung beiden Schädlingen.
Gegenmaßnahmen: Manuelles Absammeln, der Einsatz von Spritzmitteln oder von Nützlingen wie Schlupfwespen oder Marienkäfer, der ebenso wie seine Larven Blattläuse frisst.

Weiße Fliege: Diese auch Mottenschildläuse genannten ca. 2 mm kleinen weißen Insekten halten sich in den oberen Blattregionen blattunterseits auf und schädigen durch Entzug von Pflanzensaft und durch Honigtau-Ausscheidungen.
Gegenmaßnahmen: Bei geringem Befall werden gelbe Leimtafeln knapp über den Pflanzen angebracht. Im Erwerbsgartenbau setzt man vermehrt Nützlinge wie Schlupfwespen (Encarsia formosa) ein, um keine chemischen Mittel anwenden zu müssen.

Schnecken: Gehäuse- und insbesondere Nacktschnecken können bedeutende Schäden verursachen. Sie fressen hauptsächlich nachts und bei feucht-kühler Witterung. Triebe, Blätter und Früchte werden innerhalb kürzester Zeit an- bzw. aufgefressen. Typisch ist der Schabfraß an den Blatträndern, der mit dem von Raupen verwechselt werden kann. Dass Schnecken am Werke waren, erkennt man an den hinterlassenen silbrig glänzenden Schleimspuren und graugrünen Kothäufchen.
Gegenmaßnahmen: Absammeln, das Streuen von Sägemehl oder Kalk oder der Einsatz von umweltverträglichem Schneckenkorn.

Thripse verursachen ähnliche Schadsymptome wie Milben. Typisches Thripse-Schadbild sind die durch den Befall verursachten silbrig glänzenden Blätter.

Gehäuse- oder Nacktschnecken mögen besonders gerne junge Blätter und Triebe von Zitruspflanzen.

Schildläuse halten sich oft an Blattadern, Ästen und Zweigen auf. Sie sind ein Indiz für geschwächte Pflanzen.

Gegenmaßnahmen: Blaue Leimtafeln bei geringem Befall oder der Einsatz von Raubmilben.

Mittelmeerfruchtfliegen können mit Zitrusfrüchten eingeschleppt werden. Aus den unter der Schale abgelegten Eiern entwickeln sich Larven, die sich vom Fruchtfleisch ernähren. Die Verpuppung erfolgt außerhalb der Früchte. Die Fliegen schlüpfen bei warmem Wetter schon nach kurzer Zeit; bei kalter Witterung haben die Insekten keine Überlebenschance. Vom Sommer bis in den Herbst hinein können so erhebliche Schäden an den Früchten entstehen.

Gegenmaßnahmen: Befallene Früchte müssen abgepflückt und vernichtet werden.

Zitrusminiermotte: Dieser Schädling der Anbauländer hat mittlerweile auch Einzug in unsere Gewächshäuser gehalten. Blätter und Blattknospen werden von den Raupen eingerollt und mit Seidenfäden umsponnen. In dieser Schutzhülle kann die Raupe dann ungestört fressen und sich zur Motte weiterentwickeln.

Gegenmaßnahmen: Rückschnitt der betroffenen Triebe; Zitrusanbauer setzen auch Chitinbiosynthesehemmer ein.

Schildläuse schädigen durch ihre Saugtätigkeit und Honigtau-Ausscheidungen.

Gegenmaßnahmen: Abkratzen der Schilder mit dem Fingernagel oder einem kantigen Gegenstand. Oft hilft auch Abwaschen mit warmem Wasser, dem ein Spülmittel zugesetzt wurde. Bei stärkerem Befall Behandlung mit einem mineralölhaltigen Spritzmittel oder einem geeigneten Insektizid.

Schmierläuse sitzen an Blattadern oder an Blattachseln. Diese langovalen mit Wachsflocken versehenen Tiere verursachen ähnliche Schäden wie Schildläuse.

Gegenmaßnahmen: Bei geringem Befall abwaschen, sonst mit Insektizid.

Dickmaulrüssler: Dieser flugunfähige langlebige Käfer schädigt durch buchtenförmigen Blattfraß. Die Larven des ca. 5–10 mm großen Käfers leben im Boden und fressen an den Pflanzenwurzeln. Dies kann zu Wachstumsstörungen oder zum Absterben der Pflanze führen.

Gegenmaßnahmen: Entfernen der Larven aus dem Boden, Bodenaustausch oder Einsatz insektenparasitierender Nematoden. Die nachtaktiven Käfer können abends abgesammelt werden.

Virosen wie das Citrus-Tristeza-Virus (CTV) oder die zu Zwergwuchs führende Exocortis, die in den Zitrusanbauländern zu erheblichen Schäden führen können, sind bei uns glücklicherweise nahezu unbekannt. Sollten importierte Pflanzen davon befallen sein, müssen sie vernichtet werden.

Nicht nur Gartengehölze, auch Zitruspflanzen sind vor dem Blattfraß des Dickmaulrüsslers nicht sicher.

Grauschimmelbefall kann innerhalb sehr kurzer Zeit ganze Astpartien zum Absterben bringen.

Pilzkrankheiten

Zweigsterben: Das plötzliche Absterben von Zweigen und ganzen Ästen kann als Ursache eine Infektion mit dem eingeschleppten Pilz *Colletotrichum* spec. haben, der geschwächte Organismen befällt.
Gegenmaßnahmen: Befallene Pflanzenteile bis ins gesunde Holz zurückschneiden, Behandlung mit einem Fungizid und für optimale Kulturbedingungen sorgen. Oberirdische Pflanzenteile trocken halten. Anderenfalls kann die Pflanze innerhalb kurzer Zeit eingehen. Vielen alten Pomeranzen in diversen Orangerien ist dieses Schicksal widerfahren.
Grauschimmel: Botrytis tritt auf im schlecht belüfteten Winterquartier bei hoher Luftfeuchtigkeit. Blüten und Zweige sind belegt mit einem grauen, staubenden Schimmelbelag, die Zweige und Blüten in dem befallenen Bereich sterben ab.
Gegenmaßnahmen: Kräftiger Rückschnitt und gute Belüftung.
Rußtau: Rußtaupilze siedeln sich gerne auf den »Honigtau«-Ausscheidungen von Blatt- und Schildläusen sowie der Weißen Fliege (Mottenschildlaus) an. Die Pilze bilden einen rußartigen Belag. Hierdurch wird die Pflanze durch Verringerung der Assimilationsfläche (was zu schlechtem Wuchs führt) geschädigt und in ihrem Aussehen beeinträchtigt.
Gegenmaßnahmen: Der Schädlingsbefall muss bekämpft werden; den Belag kann man mit einem feuchten Tuch abwischen.

Häufig siedeln sich Rußtaupilze auf den Honigtau-Ausscheidungen von Schildläusen an.

auf einen blick

- Zitruspflanzen stellen gewisse Pflegeansprüche, die mit gutem Willen jedoch leicht zu erfüllen sind.
- Sie bevorzugen windgeschütze sonnige Plätze. Die meisten Arten können bereits ab April ins Freie.
- Die meisten Zitruspflanzen brauchen leicht sauren Boden. Es gibt spezielle fertige Zitruserden, Sie können sie aber auch leicht selbst anmischen.
- Die beste Zeit zum Umtopfen ist der Spätwinter.
- Zitruspflanzen werden nicht regelmäßig gegossen, sondern nach Bedarf. Staunässe und zu hartes Wasser vermeiden.
- Von Ende Mai bis August wird in zweiwöchigen Abständen gedüngt. Langzeitdünger entlasten den Gärtner.
- Je wärmer überwintert wird, desto heller sollten die Pflanzen stehen, je kühler, desto dunkler.
- In einem dunklen Keller kann Pflanzenlicht Abhilfe schaffen.
- Zitruspflanzen lassen sich mittels Samen, Stecklingen oder Veredlung relativ leicht selbst anziehen und vermehren.
- Die meisten Probleme gehen auf Kulturfehler zurück. Ein passender Standort und richtige Pflege sind der beste vorbeugende Pflanzenschutz.

Kurioses und Nützliches rund um die Zitrusfrucht

Wussten Sie, dass man im Spanien des 15. Jahrhunderts aus Apfelsinen einen Liebestrank braute, der ewige Potenz schenken sollte? Dass es eigene Zitronatfrüchte gibt? Dass man aus Orangenöl eine wunderbare Möbelpolitur herstellen und Zitronensaft Rotweinflecken verschwinden lassen kann?

Grapefruitkernextrakt wird möglicherweise bald gegen AIDS eingesetzt. Zitronenaroma steigert die Konzentrationsfähigkeit, und Orangenduft schenkt süße Träume. Zitruspflanzen sind also nicht nur dekorativ, sondern auch zu vielerlei anderem nützlich – und Basis so mancher Legende.

Die Zitronenjette

Die am 18.7.1841 in Dessau geborene Johanne Henriette Marie Müller wurde unter dem Namen »Zitronenjette« zum Hamburger Original. Ende des 19. Jahrhunderts verkaufte sie aus einem großen Henkelkorb tagsüber am Graskeller und nachts in Kneipen der Hamburger Neustadt Zitronen. Die leuchtend gelben Südfrüchte pries sie an mit dem überall bekannten Ausruf: «Zitroon, Zitroon«. Die Zitronenjette ist am 8.7.1916 in Hamburg verstorben. Sie war so populär, dass noch zu ihren Lebzeiten, im Jahre 1900, im damaligen Ernst-Drucker-Theater, dem heutigen St. Pauli-Theater, ein nach ihr benanntes Schauspiel zur Aufführung kam. 1986 wurde ihr in Hamburg ein Denkmal gesetzt.

◀ Zitrusfrüchte machen munter: Orangen, Grapefruits, Zitronen und Co. haben besonders im Winter Hochsaison.

Die Zitronenjette war ein über die Stadtgrenzen Hamburgs hinaus bekanntes Original.

Geheimer Liebestrank

Jüngst war der Tagespresse zu entnehmen, in Spanien sei ein seit Jahrhunderten verschollenes Liebes-Rezept wieder aufgetaucht. Dem Artikel zufolge wurde der »Paradiestrank« erstmals im Jahre 1424 im spanischen Valencia gebraut: aus Apfelsinen, Ingwer, Kamelmilch, Limonen und altem Rum. Wer davon trank, steigerte seine Potenz. So konnten Männer anschließend angeblich stundenlang lieben. Während der Inquisition ließ die katholische Kirche sämtliche Rezepte verbrennen. Aber offenbar entging manche Rezeptur der Vernichtung – denn jetzt wurde in einem alten Archiv eine entsprechende Aufzeichnung des 1459 verstorbenen Dichters Ausias March gefunden. Ob geplant ist, den Trank erneut auf den Markt zu bringen, ist nicht bekannt!

Caligo eurilochus, der Eulenfalter, hat Gefallen gefunden am Geschmack frischer Zitrusfrüchte.

Auch Schmetterlinge mögen Zitrus

Einige Schmetterlingsarten wie der schwarz-gelbe Große Schwalbenschwanz (*Papilio cresphonte),* finden Gefallen an Zitruspflanzen, die ihren Larven als Futterpflanzen dienen.
Auch Schmetterlinge anderer Arten wie der blauviolett glänzende Eulenfalter (*Caligo eurilochus),* dessen Larven gewöhnlich auf Bananengewächsen leben, saugen gerne den Saft reifen Obstes, darunter den von Zitrusfrüchten.

Zitrusfrüchte machen munter

Die meisten Zitrusfrüchte sind ganzjährig erhältlich. Und sie werden nicht nur frisch verzehrt, aus ihnen werden weltweit auch unterschiedlichste Zubereitungen kreiert.
Ungezählte Zitrus-Kochbücher berichten von allen erdenklichen Gaumenfreuden, bei denen sich alles um die ebenso kalorienarmen wie gesundheitsfördernden Zitrusfrüchte dreht. Schon 100 g einer Zitrone steuern immerhin etwa 45mg zum Vitamin-C-Tagesbedarf bei.

Zitrussaft

Zitrussaft wird industriell aus frischen, reifen Zitrusfrüchten gepresst und aus Konservierungsgründen gewöhnlich tiefgefroren. Jeglicher Zusatz chemischer Konservierungsmittel oder Farbstoffe ist bei Fruchtsäften und -nektaren gesetzlich verboten. Eine Pasteurisierung kann zu Qualitätsverlust führen. Wird Zitrussaft auf dem Etikett mit dem Hinweis »Reich an Vitamin C« oder ähnlich beworben, müssen pro Liter mindestens 300 mg Vitamin C, ausschließlich aus der verwendeten Frucht-

Unterschiedlich im Geschmack, aber vitaminreich sind frisch gepresste Zitrussäfte. Von links: Limette, Grapefruit rot, Clementine, Blutorange, Orange, Zitrone.

Nützliches in Kürze

- **Qualitäts-Test:** Zitronenfrüchte sollen glänzend, prall und leuchtend gelb sein. Große und leichte Früchte sind weniger saftig und dickschalig, kleine schwere Früchte dagegen sehr saftig.
- Zitrusfrüchte halten sich am besten bei dunkler Lagerung und Temperaturen um 10 °C. Orangen sollten möglichst in der Originalverpackung verbleiben oder **in Seidenpapier eingewickelt** werden. Zitronen und Orangen können Duftstoffe und Ethylen abgeben. Das wiederum kann bei Pflanzen, die in der Nähe stehen, zu Blattabwurf führen.
- Unbehandelte Schalen von Zitrusfrüchten, besonders von Limetten, eignen sich hervorragend zum **Würzen** von Gebäck und Süßspeisen.
- Werden **unbehandelte Zitronen** in einem kühlen, dunklen Raum aufbewahrt, beträgt ihre Haltbarkeit bis zu vier Wochen.
- **Saftreiche Orangen** erkennt man an feinporiger Schale. Früchte mit besonders groben Poren haben vermutlich eine sehr dicke Schale, was zu Lasten des Fruchtfleisches geht. Den höchsten Fruchtfleisch-Anteil haben mittelgroße Früchte.
- Die **Fruchtschale** von ungespritzten Zitronen- und Orangenschalen kann man klein gehackt **im Backofen** trocknen und in einem verschlossenen Glas aufbewahren. Sie dient zum Würzen von Backwaren, Süßspeisen und Suppen. Die weiße Zellschicht unter der Fruchtschale, das Albedo, muss vor dem Trocknen entfernt werden.
- Nach dem Entfernen des Albedos einer nicht verwendeten **Zitronenschale** bleibt diese **länger haltbar,** wenn man sie mit der Schnittfläche nach unten auf einen Porzellanteller legt.
- Orangen und Zitronen geben mehr Saft, wenn man sie vor dem Auspressen auf dem Tisch hin und her rollt.
- **Saft von frisch gepressten Zitrusfrüchten** sollte möglichst sofort getrunken werden. Sonst gehen die wertvollen Vitalstoffe wie Vitamine, Ballast- und Mineralstoffe verloren.
- **Beträufelt man** das Fruchtfleisch von Avocados mit Zitronensaft, verfärbt es sich nicht.
- 15 Tropfen echtes Orangenöl, vermischt mit etwa 50 ml Jojobaöl, ergeben eine ausgezeichnete **Möbelpolitur.**
- **Fischgeruch an den Händen** kann durch Einreiben mit Zitronensaft bekämpft werden.
- **Beim Kochen mit Zitrusfrüchten** kein Kochgeschirr aus Aluminium oder reinem Eisen verwenden. Die Säure reagiert mit dem Metall und führt zu Geschmacksirritationen.
- **Frische Rotweinflecken** verschwinden durch Betupfen mit Zitronensaft.

art, enthalten sein. Der Hinweis »Vitamin-C-haltig« erfordert zwingend einen Anteil von mindesten 200 mg/L.

Zitrusnektar, Orangensaftgetränk, Limonade, Brause

Während für Zitrusnektar der vorgeschriebene Mindestfruchtgehalt 40–50% beträgt, ist für Orangensaftgetränk ein Mindestfruchtsaftgehalt von lediglich 6% vorgeschrieben. Die genaue Menge muss auf dem Etikett angegeben sein. Fruchtsaftgetränke sind durststillende Erfrischungsgetränke aus kohlesäurehaltigem oder stillem Tafelwasser. Ihnen werden Fruchtsaftgemische, Fruchtsäfte oder Dicksäfte zugesetzt.

Die schon im alten China bekannten erfrischenden Getränke aus Wasser, Zucker, Zitronensaft und anderen Zutaten wurden später als »Limonata« auch in Europa bekannt. Jetzt heißen sie Limonade, nach dem Namen »Limone« für Zitrone. Ihr Fruchtsaftanteil beträgt nur halb so viel wie der von Fruchtsaftgetränken. Neben 7% Zuckergehalt sind hier als Zusatz auch Zitronen-, Wein- und Apfelsäure erlaubt, eventuell verwendete natürliche Farbstoffe müssen auf dem Etikett vermerkt sein.

Bei Bitter-Lemon, Bitter-Orange und anderen Bitter-Getränken handelt es sich um Limonaden, hergestellt mit einem Bitteraroma und entsprechenden Fruchtauszügen. Diese stammen meistens von Kräutern oder einem Chinin-Zusatz. Brausegetränke können ganz oder teilweise künstliche Essenzen statt natürlicher enthalten, Zucker kann durch Süßstoff ersetzt werden. Um Verwechslungen mit Fruchtsäften auszuschließen, dürfen auf den Etiketten keine Früchte abgebildet sein.

Zitronat, Sukkade, Orangeat

Zitronat

Die dicken, fleischigen Schalen der unreif geernteten Zitronatzitronen kommen halbiert in mit Salzwasser gefüllte Fässer. Später werden sie aufgekocht, herausgenommen und mit geschmolzenem Zucker oder Zuckersirup übergossen und zuletzt mit Zuckerguss glasiert. Das eigentliche Zitronat sind die trocken kandierten Schalen, in Zuckersirup eingelegt heißen sie Sukkade.

Appetit auf etwas Süßes? Hier ist Naschen erlaubt! Leckere Süßwaren aus Zitrus: Geleescheiben, Gebäck-Taler, Gummibonbons, Orangen- und Zitronen-Schokoladen-Taler.

Zitrusfrüchte dienen uns nicht nur als Obst zum Frischverzehr. Aus ihnen lassen sich auch köstliche Marmeladen und Gelees herstellen.

Gutes Zitronat sollte hornartig durchscheinend sein, auf einer Seite dunkelgrün und auf der anderen durch den Zuckerüberzug weiß. Es darf keine schwarzen Flecken zeigen. Wir finden es häufig in Backwaren wie Christstollen und in Konfekt. Auch wird es zum Würzen von Mehlspeisen verwendet.

Orangeat

Orangeat wird aus den Fruchtschalen der Pomeranze hergestellt. Die Schalen der Pomeranzen werden kandiert, das heißt in dicker Zuckerlösung eingekocht. Gewürfelt oder in Schalenstücken, teilweise glasiert oder unglasiert, kommen sie dann als begehrte Backzutat in den Handel.

Natürlich werden auch viele weitere Obstarten wie beschrieben behandelt. Solche Dickzuckerfrüchte sind als Naschereien, aber auch zur Weiterverarbeitung beliebt.

Als Back- und Dessertzutaten werden Orangeat und Zitronat verwendet. Zitronat wird auch als Zedrat oder Sukkade bezeichnet.

Rezepte mit Zitrusfrüchten

Orangenmarmelade

Marmelade können wir aus allen möglichen Früchten herstellen, die echte englische »Marmalade« aber wird ausschließlich aus Zitrusfrüchten gekocht und enthält auch Fruchtschale. Großbritannien ist weltweit führend in der Herstellung von Orangenmarmelade. Die dafür benötigten Pomeranzen kommen überwiegend aus Spanien.

Zutaten:

2 kg reife ungespritzte Pomeranzen, bei uns auch gehandelt unter dem Namen Bitterorangen, 2 l Wasser, 2 kg Zucker.

Blutorangensoße mit Eis, für Erwachsene mit Orangenlikör, für Kinder ohne.

Zubereitung:
Früchte abwaschen, in einem Topf mit dem Wasser aufkochen und bei niedriger Hitze weiter köcheln lassen, bis sie nach etwa einer Stunde weich sind. Dann die Früchte mit einem Schaumlöffel herausnehmen und abkühlen lassen. Anschließend werden sie halbiert, das Fruchtfleisch mit einem Löffel herausgeschält und fein gewürfelt. Die Kerne entfernen. Nun die Pomeranzenschalen in dünne Streifen schneiden. Die weiße Innenhaut nicht entfernen, weil in ihr das zum Gelieren notwendige Pektin enthalten ist. Nun werden Fruchtfleisch, Schalenschnitzel und Zucker mit dem Kochwasser erneut aufgekocht. Nach etwa 40 Minuten unter häufigem Umrühren fällt die Orangenmarmelade schwer vom Löffel. Nun kann sie in die vorbereiteten sterilen Gläser gefüllt werden.

Blutorangensoße mit Vanilleeis

Zutaten:
6 Blutorangen (ca. 300 ml Saft), 2,5 EL Orangenlikör (Cointreau, Grand Marnier o.Ä.), 1 TL Speisestärke, 2 Nelken, 40 g Zucker, Zitronenmelisse, Vanilleeis.

Zubereitung:
Die Blutorangen auspressen und den Saft durch ein Sieb geben. Saft, Zucker und Nelken in einem Topf unter Rühren erhitzen und zum Kochen bringen. Einige Minuten köcheln lassen. Die Speisestärke im Likör auflösen und in die Soße einrühren. Alles noch wenige Minuten köcheln lassen. Die Nelken herausfischen und die Soße heiß oder kalt zu Vanilleeis servieren. Mit Zitronenmelisse garnieren.

Zitronen-Käsekuchen

Zutaten:
Für den Boden: 150 g Butterkekse, 80 g Butter oder Margarine, 3 EL Zucker, 1/4 TL gemahlene Muskatnuss, 2 EL abgeriebene Zitronenschale.
Für die Füllung: 200 g Zucker, 4 Eier, 800 g Doppelrahm-Frischkäse, 200 ml flüssige Sahne, 1/4 TL Muskatnuss gemahlen, 100 g Weizenmehl, Saft einer Zitrone, 2 TL Vanilleessenz, 2 bis 3 EL abgeriebene Zitronenschale.

Zubereitung des Bodens:
Die Kekse mit einem Nudelholz oder einer sauberen Flasche auf einem großen Brett zerkleinern. Die zerbröselten Kekse mit den 3 EL Zucker, der abgeriebenen Zitronenschale und Muskat vermischen. Die Butter schmelzen und leicht abgekühlt untermengen. Diese Mischung wird in eine Springform gegeben, am Rand 2–3 cm hochziehen. 10 Minuten bei 150 °C backen, dann 15 Minuten abkühlen lassen.

Zubereitung der Füllung:
Den Frischkäse mit Zucker, Muskat und der Vanilleessenz mit einem Mixer cremig rühren, Mehl hinzufügen und zu einer glatten Masse verrühren. Die Eier nacheinander aufschlagen und einzeln verrühren. Zitronensaft, Sahne und geriebene Zitronenschale vermengen und untermischen. Füllung in die Form geben und auf mittlerer Schiene im Backofen ca. 55 Minuten bei 180 °C backen. Den Kuchen noch einige Zeit im Herd belassen, danach den Zitronen-Käsekuchen auskühlen lassen.

Zitronen-Käsekuchen mit Muskat macht Appetit auf mehr, dazu schmeckt außer Kaffee auch ein gut gekühlter Zitronenlikör.

Flambierter Schweinebraten mit Orangen und Kumquats

Zutaten:
1 kg Schweinebraten (Keule oder Nuss), Öl zum Anbraten, Pfeffer, Salz, 2 Lorbeerblätter, süßer Paprika, Toskana-Gewürz gemahlen (Rosmarin, Salbei, Majoran, Basilikum, Lorbeerblätter, Thymian), 3 mittelgroße Zwiebeln, 1 l heiße Instant-Delikatessbrühe, Saft von 2 Orangen, abgeriebene Schale einer halben Orange, 3 Kumquats, 2 EL Speisestärke, 1 TL Zucker, 2 Orangen und 1 Kumquat und Petersilie zum Garnieren, 2 Glas (je 2cl) Cointreau zum Flambieren.

Zubereitung: Den Braten kurz abwaschen, mit Küchenkrepp trockentupfen, pfeffern, salzen, mit dem Toskana-Gewürz und süßem Paprika würzen. Das Fleisch mit etwas Öl in einem Bratentopf von allen Seiten anbraten. Die in Scheiben geschnittenen Zwiebeln später kurz mit anschmoren. Das vom Anbraten verbliebene überschüssige Öl abgießen. Die Kumquats klein würfeln und mit dem Zucker in einem Topf erhitzen und leicht karamelisiert zum Bratenfleisch geben. Die Brühe und die 2 Lorbeerblätter hinzugeben. Das Fleisch etwa 80 Minuten auf Stufe 5 gar kochen. Die Fleischbrühe durch ein Sieb in einen Topf gießen, den Orangensaft dazu. Nun die Speisestärke mit etwas kaltem Wasser anrühren und kurz aufkochen lassen. Zuletzt die geriebene Orangenschale hinzugeben und mit Salz und Pfeffer abschmecken.
Den Braten auf einer Platte anrichten. Mit den gewaschenen und abgetrockneten, in Scheiben geschnittenen Orangen, der Kumquat und der Petersilie garnieren.
Zum Flambieren den Cointreau in einer Suppenkelle erwärmen, über den Braten gießen, sofort anzünden und ausbrennen lassen. Fleisch in Scheiben schneiden. Die Soße wird extra serviert. Dazu passen Kartoffelklöße oder Salzkartoffeln und Gemüse der Saison.

Früchte und Fleisch: flambierter Schweinebraten mit Orangen und Kumquats.

Zitrusfrüchte für das Wohlbefinden

1928 gelang es dem ungarischen Wissenschaftler Albert Szentgyörgyi erstmals, das Vitamin C zu isolieren. Dafür erhielt er 1937 den Nobelpreis. Doch die wohlschmeckenden Zitrusfrüchte enthalten noch viele weitere Vitamine und Spurenelemente – das macht sie so wertvoll und gesundheitsfördernd. Zahlreiche Krankheiten vergangener Jahrhunderte wie Rachitis, Pellagra, Beri-Beri und Skorbut konnten durch den Verzehr von Zitrusfrüchten nahezu ausgerottet werden.

Zitrusfrüchte wirken anregend, tonisierend, blutfettsenkend und nervenberuhigend. Bei Erkältungen ist ein Glas »heiße Zitrone« ratsam, Saft aus frisch gepressten Zitronen und Wasser, gesüßt mit etwas Zucker. Bei Halsentzündungen wird mit Wasser verdünnter Zitronensaft zum Gurgeln verwendet. Er gilt als antibakteriell und fiebersenkend. Auch beseitigt er Schluckauf und schafft Linderung bei Insektenstichen. Bei erhöhten Cholesterinwerten, Arthritis und Arteriosklerose empfiehlt sich eine Zitronenkur, die zudem entschlackend wirkt.

Zitronenöl kann zur Mückenabwehr benutzt werden. Besonders Säuglinge und Kleinkinder sollten allerdings nie direkt mit ätherischen Ölen behandelt werden, da die Gefahr von Allergien und Hautirritationen zu groß ist. Oft genügt hier schon das Beträufeln der Kleidung mit mückenabwehrenden Mitteln. Zitronenöl hilft übrigens auch bei der Bildung von weißen Blutkörperchen und wirkt der Übersäuerung des Körpers entgegen.

Zitrusfrüchte besitzen wahrhaft therapeutische Kräfte. So üben **Mandarinen** einen stark beruhigenden Effekt auf das Nervensystem aus und sind daher bei Schlaflosigkeit zu empfehlen, **Orangen** hingegen wirken belebend und harntreibend. Teezubereitungen aus Orangenblüten haben eine krampflösende Wirkung, helfen gegen Erregungszustände und fördern den Schlaf.

Aus den wachsweißen porzellanartigen Zitrusblüten werden ätherische Öle gewonnen.

Gesund und schön durch Zitrusfrüchte. In diesen Früchten ist Gutes drin. Sie stärken unsere Abwehrkräfte.

Allgemein wird **Orangenblütentee** im südlichen Europa als bitteres, würzhaftes Heilmittel eingesetzt, besonders bei Bauch- und Magenschmerzen.
Bergamotteöl hilft bei schlecht heilenden Wunden, bei unreiner Haut und Akne.
Limettenöl wirkt blutstillend auf Wunden und wird zur Pflege unreiner, fettiger Haut sowie gegen Warzen verwendet. Es kann bei Leber- und Gallenbeschwerden, Rheuma und Appetitlosigkeit hilfreich sein und hat blutreinigende, magenstärkende, fiebersenkende und entschlackende Eigenschaften.
Pampelmusen sind appetitanregend, verdauungsfördernd und stärken den Magen. Auch Pomelopflanzen werden in Südostasien zu Heilzwecken verwendet. Aus der Rinde, den Blättern und Blüten der Pomelos stellt man Mittel gegen Cholera und Ekzeme her.
Aufgrund ihrer entwässernden und adstringierenden Wirkung sind **Grapefruitfrüchte** verdauungsfördernd und eignen sich als natürliches Abführmittel. Sie wirken appetitanregend und stärken das Immunsystem. Die Fruchtschalen werden ebenfalls medizinisch genutzt. Ihre Inhaltsstoffe wirken stimulierend, antidepressiv und durchblutungsfördernd. Der Blütenextrakt von Grapefruits wird bei Schlaflosigkeit und als magenstärkendes Mittel eingenommen. Auszüge aus den Blättern sollen antibiotische Wirkung haben. **Grapefruitöl** wirkt auch gegen Zellulitis, Magenverstimmung und Durchfall. Es regt das Zellwachstum an und hilft bei Galle- und Leberbeschwerden.

Das Geheimnis des Grapefruitkerns

Dem Arzt und Hobbygärtner Dr. Jacob Harich aus Florida fiel im Jahre 1980 auf, dass Grapefruitkerne auf seinem Komposthaufen einfach nicht verrotten wollten. Das weckte die Neugierde des auf die Erforschung natürlicher Heilmittel spezialisierten Immunologen. Und die Ergebnisse seiner Untersuchungen überraschten: Der Extrakt aus zermahlenen Grapefruitkernen und einem kleinen Anteil der dünnen Fruchthäute (Membranen) zeigt beim Menschen eine stark antibakterielle Wirkung, ganz ohne schädliche Nebenwirkungen. Hilfreich ist die Substanz auch gegen Virus- und Pilzerkrankungen sowie gegen Parasiten.
Heute wird Grapefruitkernextrakt erfolgreich bei verschiedenen Immunschwächekrankheiten eingesetzt. Die Wirksamkeit des Grapefruitkernextrakts wird bereits in der AIDS-Forschung untersucht. Auch die Veterinärmedizin setzt Grapefruitkernextrakt mit Erfolg ein und in der Landwirtschaft dient er zur Desinfektion.

Zum Reinigen von Fußböden, Bad und Möbeln einige Tropfen Zitronen- oder Grapefruitöl ins Putzwasser geben. Das wirkt desinfizierend und bringt frischen Duft.

In Grapefruitkernen stecken wahre Wunder und Kräfte. Aus ihnen wird ein wirksamer Extrakt hergestellt.

Zitrusöle und Zitrusessenzen

Wert- und mengenmäßig stehen **Zitrusöle** in der Weltproduktion ätherischer Öle an erster Stelle. Zitrusschalenöle werden in erster Linie durch Kaltpressung der Schalen von Zitronen, Grapefruits, Bergamotten, Limetten, Mandarinen und Pomeranzen gewonnen, Blatt- und Blütenöle durch Destillation.

Schon die Anbaugebiete der Pflanzen entscheiden über die Qualität des Öls. Die Pflanzen für die besten Zitrusöle wachsen auf Sizilien, möglicherweise wegen des dortigen Lavabodens. Doch auch der richtige Zeitpunkt der Ernte ist qualitätsbestimmend.

Die Zedrat- oder Zitronatzitrone war die erste Zitrusfrucht, die zur **Parfumherstellung** genutzt wurde. Ihr Gehalt an ätherischen Ölen liegt deutlich über dem der Zitrone. Dies ist einerseits durch eine höhere Konzentration an ätherischem Öl, andererseits durch den weitaus größeren Fruchtschalenanteil bedingt, der immerhin 60–70 % der Frucht ausmacht.

Auch aus Mandarinen-, Orangen- und Grapefruitschalen werden für die Duftindustrie sehr wichtige ätherische Öle gepresst.

Eine anregende Atmosphäre schaffen Sie sich mit wenigen Tropfen verschiedener gut kombinierter ätherischer Öle, wobei Zitrusöle voll im Trend liegen.

Von der Bergamotte werden die noch grünen Fruchtschalen verwandt, das Flavedo. Aus ihnen gewinnt man durch Kaltpressung **Bergamotteöl**. Wegen der geringen Ausbeute – 200 kg Fruchtschalen ergeben 1 Liter Öl – hat Bergamotteöl einen besonders hohen Preis. Bergamotteduft war bereits im alten Rom außerordentlich beliebt und ist noch heute Bestandteil vieler Essenzen.

Aus Pomeranzen werden drei wertvolle ätherische Öle gewonnen: Durch Wasserdestillation der Blüten und Blütenknospen erfolgt die Produktion von **Neroliöl.** Destillation der Blätter und Zweige ergibt **Petitgrainöl** und durch Auspressen der Fruchtschalen gewinnt man **Bitterorangenöl**.

Aromatherapie und Kosmetik

Die Kosmetikindustrie bietet eine breite Palette von Pflegeprodukten zur Haut-, Haar- und Körperpflege. In vielen Shampoos, Seifen, Cremes und Ölen werden Extrakte von Zitrus verarbeitet. Die meisten ätherischen Öle werden innerhalb von 20 bis 40 Minuten zu einem Teil über die Haut in den menschlichen Organismus aufgenommen. Beim wichtigsten Zitrusöl, dem Zitronenöl, ist die genannte Zeitspanne etwas länger.

Wegen seiner frisch-fruchtigen Note findet Zitronenöl häufige Verwendung bei der Herstellung von Parfums und Aromen; Gleiches gilt für das stimmungsaufhellend wirkende Bergamotteöl.

Zitrusöle für Bad und Massage

Werden ätherische Öle ins Badewasser gegeben, muss man immer eine fettlösende Trägersubstanz wie Honig, Sahne oder Milch beimischen. Im warmem Wasser entfalten Zitrusöle ihre anregende, erfrischende und zugleich beruhigende Wirkung besonders intensiv, weil die kostbaren Wirkstoffe über Nase und Haut zugleich aufgenommen werden. Ein warmes Bad mit Zitrusölen ist eine Wohltat für Körper, Geist und Seele.

Auch Massagen mit Zitrusölen sind angenehm und steigern das Wohlbefinden. In zahlreichen Untersuchungen und Testreihen wurde die wohltuende Kraft der Düfte nachgewiesen. Sie beeinflussen nicht nur die Sinne und Stimmung, sondern fördern die Konzentration und haben obendrein heilende Wirkung.

Heilen mit Zitrusölen

In der Aromatherapie versucht man, mit pflanzlichen Essenzen Krankheiten zu behandeln. Da hierbei nicht nur der Körper des Patienten im Mittelpunkt steht, sondern auch Geist und Seele einbezogen werden, handelt es sich dabei um eine Ganzheitstherapie. Ihre Anfänge gehen auf die alten Chinesen zurück, die schon vor Jahrtausenden die heilkräftigen Eigenschaften der ätherischen Öle verschiedener Pflanzen erkannten.
Gerüche wecken Gefühle und beeinflussen spürbar unser Wohlbefinden – sogar im Schlaf. Wissenschaftliche Untersuchungen haben bewiesen, dass gewisse Düfte auf bestimmte Funktionen unseres Körpers wirken. So konnte beispielsweise eine stimulierende Wirkung von Düften auf Atemfrequenz, Muskeln und Herzschlag nachgewiesen werden. In Schlaflabors wurden Versuchspersonen mit verschiedenen Aromen oder Gerüchen beduftet. In der Traumphase wurden die Probanden geweckt und schrieben ihre Träume sofort nieder. Dabei

Sind **Fingernägel** vom häufigen Lackieren gelblich geworden, kann regelmäßiges Einreiben von Zitronensaft helfen.

Duftende Pflegemittel wie Zitrus-Badesalz, -Seife und -Badeperlen sind eine Wohltat für Körper und Seele.

Wohlriechende ätherische Zitrusöle finden ihre Anwendung in der Aromatherapie. Sie helfen, unser Wohlbefinden zu steigern.

kam heraus, dass Orangendüfte die Trauminhalte offensichtlich schön färbten, während sich bei weniger angenehmen Gerüchen wie Schweiß oder Fäkaliengestank unangenehme Träume einstellten.
Düfte können das Gedächtnis stützen und die Aufmerksamkeit erhöhen. Viele japanische Unternehmen geben Zitronenessenzen in die Klimaanlage, um die Konzentrationsfähigkeit ihrer Mitarbeiter zu steigern.
Viele ätherische Öle sind gegen Licht- und Lufteinwirkung empfindlich. Sie sollten daher möglichst in dicht schließenden braunen Glasflaschen in kühlen Räumen aufbewahrt werden.

Zitrusduft liegt in der Luft

Zitrusessenzen sind verantwortlich für den weltweiten Erfolg des ältesten und berühmtesten Duftwassers, »Kölnisch Wasser«. Nachdem der italienische Handelsvertreter Gian Paolo Feminis die Rezeptur erfunden hatte, erkannte er bald die therapeutische Wirkung des Productes gegen Kopf- und Herzschmerzen. Daraufhin wurde es Acua mirabilis genannt, Wunderwasser. Bevor Feminis 1763 starb, ließ er sich in Köln nieder und vermachte seinem Neffen Gian Maria Farina das geheime Rezept, das dennoch häufig kopiert wurde. Französische Revolutionstruppen machten das »Eau de Cologne« auch in Frankreich bekannt – Napoleon ließ sich zeitweise 60 Fläschchen pro Tag liefern.
Im Jahre 1792 erhielt der Advokatensohn Wilhelm Mülhens

Zitrusöle
Wer mit Zitrusölen arbeitet oder sich einer Aromatherapie unterzieht, sollte zuvor eine möglicherweise bestehende Allergie ausschließen. Vorsicht sollten solche Personen walten lassen, die gegen andere Stoffe allergisch reagieren.

von einem Mönch die »Geheimformel« zur Herstellung des Duftwassers. Heute ist »Eau de Cologne Originale 4711« von Mülhens das meistverkaufte Kölnischwasser der Welt. Die Zahl 4711 resultiert daher, dass die französischen Besatzungstruppen alle Kölner Häuser durchnummerierte. Das von Mülhens war Nummer 4711.

Parfums

Anregende, blumig-frische Duftnoten in Parfums basieren hauptsächlich auf Agrumenarten wie Zitrone, Bergamotte, Orange, Limette, Zedrat oder Grapefruit. Die Schwester des Kölnischwasser-Liebhabers Napoleon, Pauline Bonaparte, spätere Fürstin Borghese, machte den Parfumeur Jean-François Lubin zu ihrem Hoflieferanten. Ein Duft seines Hauses ist nach ihr benannt. In den ersten Jahren des 19. Jahrhunderts wurde das Parfum »Eau de Lubin« entwickelt. Am Kaiserhof sehr geschätzt, überdauerte es das ganze 19. Jahrhundert und wurde erst im Frühjahr 1968 von »L'Eau Neuve« abgelöst. Hauptduftnote war neben Zibet und Lavendel auch hier Zitrone. 1853 komponierte Pierre-François Guérlain mit seinem »Eau de l'Impératrice« ein überaus erfolgreiches, noch heute bekanntes Parfum. Gewidmet wurde es Kaiserin Eugénie von Montijo, der Gemahlin Napoleons III. Dieser Duft wird getragen von einer harmonischen Verbindung aus Bergamotte, Orange und Zitrone sowie Lavendel- und Rosmarinauszügen. Guérlain zählt zu den wenigen Firmen, die zur Herstellung ihrer Parfums auch heute noch echte ätherische Öle verwenden.

Echt Kölnisch Wasser – zu seinen Hauptbestandteilen zählen Essenzen von Bergamotte, Zitrone und Orange.

auf einen blick

- Fast alle Zitrusfrüchte sind heute ganzjährig im Handel erhältlich.
- Zitrussaft besteht zu 100 % aus Fruchtsaft, Zitrusnektar zu 40–50 %; Zitrussaftgetränke müssen nur 6 % Fruchtsaftgehalt aufweisen, Limonaden noch weniger.
- Aus Zitrusfrüchten lassen sich erfrischende Köstlichkeiten zubereiten, und sie geben vielen Rezepten den krönenden Touch.
- Neben Vitamin C enthalten die wohlschmeckenden Zitrusfrüchte viele weitere Vitamine und Spurenelemente.
- Zitrusfrüchte wirken anregend, blutfettsenkend und nervenberuhigend.
- Schon die alten Chinesen wussten um die Heilkräfte ätherischer Öle.
- Auch in der modernen Aromatherapie kommt Zitrusessenzen eine besondere Stellung zu.
- Zitrusdüfte bilden die Grundlage vieler blumig-frischer Parfums.

Kurioses und Nützliches

Häufig gestellte Fragen zum Thema Zitrus

• **Warum verliert meine Zitruspflanze im Winter ihre Blätter?** Als Ursache kommen ein nasses Substrat in Betracht, ebenso ein zu kalter Wurzelballen. Bei Überwinterung im Wohnzimmer kann Blattfall auch einsetzen an einem lufttrockenen, zu warmen Platz.

• **Warum hat meine Zitronenpflanze gelbe Blätter?** Hier kann eine Unterversorgung mit Nährstoffen vorliegen. Gedüngt werden sollte mit einem handelsüblichen Voll- oder Zitrusdünger nach Anweisung des Herstellers. Bei zu nassem oder alkalisch reagierendem Boden kann die Nährstoffverfügbarkeit blockiert sein, ebenso bei kalter Überwinterung.

• **Warum vertrocknen plötzlich ganze Zweige?** Ursache kann eine Pilzinfektion sein, die besonders während der Überwinterung in feuchten, ungelüfteten Räumen auftreten kann. Um weiteren Schaden zu verhüten, muss die Pflanze bis ins gesunde Holz zurückgeschnitten und müssen die Überwinterungsbedingungen verbessert werden.

• **Warum blüht meine Zitruspflanze nicht?** Es könnte sich um eine Sämlingspflanze handeln, die, von Ausnahmen abgesehen, viele Jahre bis zum erstmaligen Blühen benötigt. Auch können übermäßige Stickstoffdüngergaben und kräftige Schnittmaßnahmen das vegetative Wachstum auf Kosten der Blühwilligkeit fördern. Zitronen werden auch durch Anwendung des „Verdelli-Prozesses“ zum Blühen veranlasst.

• **Warum fallen die Früchte gleich wieder ab?** Möglicherweise ist die Pflanze zu jung, um die Früchte ausreifen zu lassen. Wenige Zitrusarten benötigen auch eine andere Sorte zur Blütenbestäubung. Weiterhin können die Ursachen in Fehlern liegen, die bei vorstehender Frage genannt wurden.

• **Warum hat meine Pflanze unterschiedliche Blattformen?** Weil sie auf eine andere Art veredelt wurde, die ihrerseits austreibt.

• **Warum haben die Blätter einen schwarzen Belag?** Ursache kann der Befall mit Schildläusen oder anderen Schädlingen sein, deren Ausscheidungen („Honigtau“) sich auf den Blättern ablegen und einen idealen Nährboden für Rußtaupilze bilden.

• **Wann blühen und fruchten meine selbst gezogenen Pflanzen?** Das ist unterschiedlich. Bei vielen Zitrusarten kann das 5 bis über 10 Jahre dauern, bei anderen, wie den Limetten, auch nur wenige Jahre, wenn sie aus Samen angezogen wurden.

• **Wo kann ich verschiedene Zitrussorten kaufen?** In vielen Fachgeschäften, Gartencentern und Baumärkten werden inzwischen Zitruspflanzen verkauft. Besondere Sorten und Wuchsformen sind gewöhnlich in Fachbetrieben erhältlich.

Verwandtschaftsverhältnisse einiger bekannter Zitrus-Hybriden

Hybride	1. Elternteil	2. Elternteil	Beispiel *)
Citradia	*C. aurantium*	*P. trifoliata*	'Brownell'
Citrange	*C. sinensis*	*P. trifoliata*	'Rusk', 'Troyer'
Citrangedin	Citrange	*C. madurensis*	'Glen'
Citrangequat	Citrange	*F.*-Art	'Sinton'
Citrumelo	*C. paradisi*	*P. trifoliata*	'Swingle'
Citrumquat	*F.*-Art	*P. trifoliata*	
Eremolemon	*C. limon*	*E. glauca*	
Eremorange	*C. sinensis*	*E. glauca*	
Lemandarin	*C. limon*	*C. reticulata*	
Lemonange	*C. limon*	*C. sinensis*	'Meyer's Lemon'
Lemonimes	*C. aurantifolia*	*C. limon*	'Perrine Lemon'
Limequat	*C. aurantifolia*	*F.*-Art	'Eustis'
Orangequat	*C. reticulata*	*F.*-Art	'Calamondin'
Tangelo	*C. paradisi*	*C. reticulata*	'Ugli', 'Mapo'
Tangor	*C. reticulata*	*C. sinensis*	'Temple'

*) nicht alle Hybriden sind mit Sortennamen versehen
C. = Citrus, F. = Fortunella, P. = Poncirus, E. = Eremocitrus

Bezugsquellen, Adressen und Literatur

• **Woher bekomme ich Reiser zum Veredeln?** Reiser können vom Urlaub aus EU-Ländern mitgebracht oder aus Botanischen Gärten beschafft werden. Zitrusfreunde tauschen gelegentlich auch Edelreiser oder Jungpflanzen.

• **Wie kann ich mir Unterlagen selbst anziehen?** Durch Aussaat, zum Beispiel der Samen von *Poncirus trifoliata*. Große Exemplare dieser Art stehen häufig in Botanischen Gärten, die im Herbst reifenden Früchte enthalten zumeist viele Samen. Auch selbst angezogene Pflanzen aus Samen unterschiedlicher Zitrusfrüchte können von Hobbygärtnern als Veredlungsunterlagen verwendet werden.

• **Wo bekomme ich kompetenten Rat zur Kultur meiner Zitruspflanzen?** Die besten Ratgeber sind in der Regel die Züchter, denn sie vermitteln Ratschläge aus der Praxis. Die Theorie zur Zitruskultur ist in geeigneten Büchern nachzulesen.

Bezugsquellen

Zitruspflanzen können erworben werden in Spezialbaumschulen, Gartencentern und Pflanzenfachgeschäften. Folgende aufgeführte Firmen führen Zitruspflanzen und Samen (ohne Anspruch auf Vollständigkeit):

Samen & Töpfe
Postfach 52 06 04
22596 Hamburg
Fax 040/8 90 11 70
www.samenundtoepfe.de
(Zitrus- und Veredlungsunterlagen-Saatgut)

Südflora Peter Klock
Stutsmoor 42
22607 Hamburg
Tel.: 0 40/8 99 16 98
www.suedflora.de
(Züchterbetrieb von Zitruspflanzen und Veredlungsunterlagen, Vermehrungszubehör)

Vincent Becker
Gewerbestr. 11
79285 Ebringen
Tel.: 0 76 64/9 79 80
www.vincent-becker.de
(Feinkost mit Zitrusfrüchten)

Flora Mediterranea
Königsgütler
84072 Au/Hallertau
Tel.: 0 87 52/12 38
www.floramediterranea.de
(Großpflanzen)

Flora Toskana
Böfinger Weg 10
89075 Ulm
Tel.: 07 31/9 26 70 95
www.flora-toskana.de

Österreich:
Posch Baumschule GesmbH & Co KG
Hauptstraße 233
A-5071 Wals-Siezenheim
Tel: +43/6 62/85 10 22 -0

Schweiz:
Otto Eisenhut
CH-6575 San Nazzaro
Tel.: +41/91/7 95 18 67
www.eisenhut.ch

Bacher Gartencenter AG
Neue Dorfstraße 20 a
CH-8135 Langnau am Albis
Tel.: +41/171/47070
www.bacher-gartencenter.ch

Adressen

DDFGG
Deutsche Dahlien-, Fuchsien- und Gladiolengesellschaft
Kübelpflanzen
Drachenfelsstr. 9a
53177 Bonn
www.ddfgg.de

Citrus-Interessengemeinschaft
Steffen Reichel
Im Burgfeld 247
60439 Frankfurt
www. citrus-online.de

Literaturauswahl

- Hamann, H. u.a.: Der Süden im Norden. 1999, Regensburg, Schnell & Steiner GmbH.
- Klock, P.: Pflanzen für den Wintergarten. 2001, München, Bechtermünz.
- Klock, P.: Veredeln leicht gemacht. München, 2001, BLV.
- Klock, P.: Zitruspflanzen. Stuttgart, 2001, Ulmer.
- Liebster, G.: Warenkunde Obst und Gemüse, Band I. 1988, Düsseldorf, Morion.
- Oliver, P.: Success with Citrus. Avon, 1993, Bath Press.
- Samla, J.: Citrusy I und II. Brno, 1990/91, Edice Citrusar.
- Saunt, J.: Citrus Varieties of the World. Norwich, 1990, Sinclair.
- Schirarend, C. und Heilmeyer, M.: Die Goldenen Äpfel. 1996, Berlin, G + H Verlag.
- Teubner: Das große Buch der Exoten. 1990, Füssen, Teubner.
- Volkamer, J. C.: Nürnbergische Hesperides, Band I und II. 1708–1714, Nürnberg.

Stichwortverzeichnis

Ziffern mit * verweisen auf Abbildungen

Bildnachweis:

Becherer: 76o
Handrich: 13o
Klock: 6, 9, 10o, 10u, 12o, 12u, 13u, 15l, 15r, 16, 17, 19, 22, 23o, 23u, 24, 25o, 25u, 26o, 26u, 27o, 28, 30o, 30u, 31o, 31u, 33mo, 33mu, 33ol, 33ul, 34u, 35o, 35u, 36, 36/Einkl, 37ol, 37or, 37or/Eink., 37ul, 37ur, 38or, 38ul, 40, 41o, 42u, 43, 44mr, 44or, 44u, 45, 46o, 47o, 47u, 48u, 49o, 50o, 50u, 51, 53, 55, 56, 61, 62, 65, 66, 67, 68/69, 70/71, 72, 75u, 77o, 80o, 80u, 82, 83o, 83u, 84, 85o, 85u, 86u, 87, 89, 90, 91
KSDW Heinz Fräßdorf: 14u
Reinhard: 4u, 18, , 21, 22u, 33ur, 39u, 41u, 45u, 46u, 49u, 57, 78, 81, 86o, 88
Seidl: 74, 75o, 76u, 77u
Strauß: 1, 2/3, 5, 11o, 20, 22u, 27u, 29, 32o, 32u, 34o, 39o, 42o, 44ol, 48o, 52, 54, 58/59, 60, 63o, 63u, 64, 73

Illustrationen:

S. 4 oben, S. 8 und S. 14 oben: aus »Nürnbergische Hesperides« von J. C. Volkamer
Seite 7: Museum für Ostasiatische Kunst, Preussischer Kulturbesitz, Berlin
S. 11 unten: aus Harenberg Kommunikation Verlags- und Medien G,bH & Co. KG, Dortmund, 1980: Die Bibliophilen Taschenbücher Nr. 171 »Das Belvedere zu Wien«, S. 167
S. 79: Mit freundlicher Genehmigung des Besitzers Herrn Th. Stordel

Unser besonderer Dank gilt neben den Personen, die uns bei der Herstellung dieses Buches geholfen haben Herrn Heinrich Hamann vom Arbeitskreis Orangerien in Potsdam.

Grafiken: Heidi Janiček nach Vorlagen von Thorsten Klock

2., überarbeitete Auflage, Neuausgabe

BLV Buchverlag GmbH & Co.KG
80797 München

Bibliografische Information Der Deutschen Bibliothek
Die Deutsche Bibliothek verzeichnet diese Publikation in der Deutschen Nationalbibliografie; detaillierte bibliografische Daten sind im Internet über http://dnb.ddb.de abrufbar.

Umschlaggestaltung:
fuchs-design, Riemerling

Umschlagfotos:
Friedrich Strauß (Vorderseite),
Klock (Rückseite)

Layoutkonzept Innenteil:
Studio Schübel, München

Lektorat: Dr. Thomas Hagen
Herstellung: Hannelore Diehl

Layout und DTP: Anton Walter und DTP-Design Walter, Gundelfingen

Gedruckt auf chlorfrei gebleichtem Papier

Printed in Germany ·
ISBN 3-405-16888-0